BÄRBEL OFTRING

Worauf — fliegst du?

Tierparadiese pflanzen und pflegen

Inhalt

Worauf unsere Gartentiere fliegen

Ohne Pflanzen keine Tiere. Denn Pflanzen sind für Vögel, Kleinsäuger, Insekten und all die anderen Tiere mehr als nur geschützte Aufenthaltsplätze. Sie dienen ihnen auch als Baumaterial, als Nahrung sowie zum Nisten und Brüten. Darum sind die richtige Pflanzenwahl und eine tierfreundliche Pflege das ganze Jahr über so wichtig!

PFLANZEN – RICHTIG GEWÄHLT!

Pflanzen sehen durch das Tierauge betrachtet anders aus als durch unser menschliches. Wo wir uns „nur" an bunten Farben und üppig gefüllten Formen von Blüten und Blättern erfreuen, sehen Insekten und Vögel in den Pflanzen überlebenswichtige Lebenspartner. In Hunderttausenden von Jahren gemeinsamen Zusammenlebens unterstützen sich Pflanzen und Tiere gegenseitig – ohne den Partner könnten weder Pflanzen noch Tiere überleben. Am deutlichsten wird dies bei Bienen, Schmetterlingen und den anderen Blütenbestäubern sichtbar, denn ohne sie könnten rund 90 % der Landpflanzen keine Samen bilden und müssten aussterben – diese einzigartige gemeinsame Evolution beschreibt die Blütenökologie.

Leider sind durch Züchtungen und den Import von Pflanzen aus aller Herren Länder nun viele Pflanzen in unsere Gärten eingezogen, mit denen die heimischen Vögel und Insekten wenig bis gar nichts anfangen können. Üppig gefüllt gezüchtete Blüten produzieren weder Pollen und Nektar noch Samen und Früchte. Wenn dann auch noch die fremdländischen Blätter nicht schmecken oder den ansässigen Tieren unbekannt sind, sieht die Pflanze für den Menschen zwar super aus, für die heimische Tierwelt ist sie aber völlig nutzlos. Und noch schlimmer: Sie nimmt den heimischen vogel- und insektenfreundlichen Pflanzen auch noch einen Platz im Garten weg.

Vielfalt statt Monokultur heißt das Zauberwort.

Alte Bäume bieten Unterschlupf für diverse Tiere.

„HEUTE VERDRÄNGEN PFLANZEN AUS ALLER WELT IN DEN GÄRTEN DIE WILDPFLANZEN, AUF DIE NOCH EIN WEITERER DRUCK LASTET: REIN AUF OPTIK GEZÜCHTETE PFLANZEN MIT MONSTRÖSEN BLÜTEN, DIE DEM GEBLENDETEN MENSCHENAUGE ÜPPIGE NATÜRLICHKEIT VORTÄUSCHEN, IN WIRKLICHKEIT ABER IHRER NATÜRLICHEN FRUCHTBARKEIT BERAUBT SIND – PFLANZLICHE EUNUCHEN SOZUSAGEN."

Bärbel Oftring, Biologin

CHECKLISTE PFLANZENAUSWAHL

1. VERZICHTEN SIE auf hochgezüchtete Pflanzen mit sterilen Blüten ohne Pollen, Nektar und Samen (bei gefüllten Blüten!) sowie auf „exotische" Arten, die Fremdkörper in unserer Natur sind.

2. BEVORZUGEN SIE heimische Bäume, Sträucher, Stauden, Gräser, Zwiebel- und Knollenblumen sowie Sommerblumen mit fruchtbaren Blüten, die Nektar, Pollen, Samen und Früchte bieten (bei einfach gefüllten Blüten!). Machen Sie dazu Spaziergänge in der Natur rund um Ihren Garten sowie Ihren Wohnort und erkunden Sie, was bei Ihnen so alles heimisch ist. So bekommt Ihr Garten Bezug zu der Landschaft und Umgebung, in der er liegt.

3. ACHTEN SIE darauf, dass es in Ihrem Garten das ganze Jahr über und durch alle Jahreszeiten stets genügend Nahrung gibt: für Vögel, Insekten und all die anderen Wildtiere!

TIERFREUNDLICHE GARTENPFLEGE DAS GANZE JAHR

Genauso wichtig wie die richtige Pflanzenwahl und eine große Vielfalt an Kleinstrukturen (siehe vordere Klappe) ist der tierfreundliche Umgang mit dem Boden und den Pflanzen bei der Gartenpflege. Beispiel Schwalbenschwanz: Obwohl es die Futterpflanzen seiner Raupen – Petersilie, Wilde Möhre, Pastinake und viele andere Doldenblütler – reichlich gibt, ist dieser größte heimische Tagfalter selten geworden. Der Grund liegt also nicht an fehlenden Pflanzen, sondern an deren Pflege: Weil ständig gemäht und Verblühtes, Welkes abgeschnitten wird, kann der Schwalbenschwanz seine monatelang dauernde Entwicklung nicht abschließen, er wird als Raupe oder Puppe mit abgemäht und abgeschnitten.

Altholz mit Spalten und Löchern – wertvoller Lebensraum für Tiere

Nektar- und Pollennahrung im Herbst, wichtiger Frostschutz im Winter

Auch fürs menschliche Auge hübsch: Pflanzenstrukturen mit Raureif bedeckt

„PFLANZENGERECHT DÜNGEN HEISST, REGENWÜRMER UND ALLE ANDEREN BODENLEBEWESEN MIT ORGANISCHEN MATERIALIEN ZU ERNÄHREN."

CHECKLISTE TIERFREUNDLICHE GARTENPFLEGE

1. Verzichten Sie ab sofort komplett und für immer auf alle Insektizide, Herbizide und Fungizide. Hinter dem harmlos klingenden Namen Pflanzenschutzmittel verbergen sich viele Nervengifte. Sorgen Sie für standortgerechte Pflanzen, fördern sie die natürlichen Gegenspieler (Nützlinge).

2. Verzichten Sie auf den Einsatz von Blaukorn und anderen mineralischen Düngern, denn diese zerstören das vielfältige Bodenleben, das den Boden gesund erhält. Das ist auch für die Pflanzen wichtig, denn deren Immunsystem liegt ebenfalls im Boden.

3. Ein Garten ist kein steriler OP-Saal – ein bisschen natürliche „Unordnung" muss sein. Mähen Sie den Rasen nur noch dort, wo es Spielflächen und Wege gibt, der Rest darf wachsen oder wird zum Blumenrasen und zur Blumenwiese. Gemäht wird dort zum Schutz der Insekten nur einmal im Jahr, nämlich am Ende des Winters.

4. Lassen Sie alles Abgeblühte über den Winter stehen – die verwelkten Sommerblumen, Stauden, Kräuter und Gräser sind wichtige Nahrung für verschiedene Finken, sie bieten Kleintieren überlebenswichtige Verstecke und schützen die Bodenlebewesen vor Wind, Niederschlägen und Kälte.

Im Falllaub überwintern jede Menge Kleintiere.

ERKLÄRUNG DER VERWENDETEN SYMBOLE

NAHRUNG DER GARTENTIERE

Diese Tiere ernähren sich von Insekten und deren Larven sowie von vielen anderen Kleintieren wie Spinnen, Würmer, Schnecken, Asseln, Hundert- und Tausendfüßer.

Dieses Symbol zeichnet Tiere aus, die sich von Pflanzenteilen ernähren. Dabei umfassen sie sowohl lebende Pflanzenteile wie Blätter, Knospen oder Blüten als auch abgestorbene.

Diese Tiere ernähren sich von feinen Blumen- und Gräsersamen, manche von ihnen fressen auch die Samen unter den harten Schuppen von Koniferenzapfen.

Diese Tiere besuchen Futterstellen, die Sie in Ihrem Garten und rund ums Haus einrichten können. An Futterplätzen können Sie wunderbar Vögel und Eichhörnchen beobachten und bekommen für Ihr Engagement viele Momente, die Ihr Herz erfreuen.

Tiere mit diesem Symbol besuchen Blüten, um sich von kohlenhydratreichem Nektar und/oder eiweiß- und fettreichem Pollen zu ernähren. Dabei bestäuben sie die Blüte, sodass diese befruchtet wird und Samen bilden kann.

Vor allem ab dem Sommer, in Herbst und Winter stehen bei vielen Tieren Früchte auf dem Speiseplan. Auch Nüsse sowie Bucheckern oder Eicheln gehören zu den Baumfrüchten.

NIST- UND BRUTPLÄTZE

Diese Tiere nisten in vorhandenen Baumhöhlen, Felsennischen, Mauerlöchern, unter Dachpfannen und hinter Fassadenverkleidungen, viele von ihnen nehmen gern Nistkästen an. Dabei wollen es Meisen und andere ganz dunkel, während Rotkehlchen lieber in helleren Halbhöhlenkästen brüten.

Diese Tiere nisten gern auf und zwischen Pflanzen. Manche ziehen die Kronen von Bäumen und Sträuchern vor, andere wählen dichtes, bodennahes Gebüsch oder die Blätter von krautigen Pflanzen.

Tiere mit diesem Symbol brüten wie Spechte in dunklen, selbst gebauten Baumhöhlen oder bauen ihre Brutzellen wie die Blaue Holzbiene in selbstgemachte Fraßgänge ins Holz. Alle nehmen aber keine Nistkästen oder Nisthilfen an: Sie bauen selbst und stellen dadurch sogar Wohnraum für Meisen, Kleiber und andere Höhlenbrüter oder Brutgänge für andere Insekten her.

Im Erdreich: Diese Tiere nisten im Erdboden, teilweise auch im Kompost.

Hohle Stängel und Nisthilfen: Diese Tiere nisten in hohlen, oft abgestorbenen Pflanzenstängeln, wie etwa denen von Brombeere, Königskerze oder Schwarzem Holunder sowie in den Fraßgängen von Holzbiene oder Käfern in Altholz, viele von ihnen nehmen auch Nisthilfen an.

ÖKOLOGIE

Tiere mit diesem Symbol sind aus menschlicher Sicht nützlich. Als Nützlinge leisten sie im Garten wichtige Dienste als Gegenspieler zu verschiedenen Wirbellosen wie Schnecken, Läusen und Ähnlichen, die bei massenhaftem Auftreten „Schaden" an den Gartenpflanzen anrichten.

Tiere mit diesem Symbol leben räuberisch. Sie ernähren sich nicht von Pflanzlichem, sondern erbeuten andere Lebewesen zu ihrer Ernährung.

Tiere mit diesem Symbol sind als Destruenten tätig. Die Insekten und/oder ihre Larven ernähren sich von abgestorbenen Pflanzen oder Tieren und führen deren organische Bestandteile in den Nahrungskreislauf zurück. Ohne Destruenten würden sich Falllaub, abgestorbene Äste und Zweige, Tierkadaver und Kot am Boden ansammeln und im Lauf der Zeit eine immer höhere Schicht aus gärendem, faulendem „Biomüll" ergeben.

Insekten mit diesem Symbol sind wichtige Nahrungstiere für Vögel, Eidechsen, Lurche und andere Wildtiere. Ohne diese Insekten müssen Vogelküken hungern!

Pflanzen mit diesem Symbol haben nicht nur eine wichtige ökologische Aufgabe im großen Netzwerk der Natur, sondern besitzen darüber hinaus noch einen großen Zierwert durch ihr Blätter, Blüten und/oder Früchte.

Blaumeise

Worauf Vögel fliegen

Weil sich Vögel leicht beobachten lassen und so schön singen, gehören sie zu den beliebtesten Wildtieren. Sie können einiges tun, damit aus Ihrem Garten ein Vogelparadies wird.

PFLANZEN AUS DER HEIMAT

Bäume und Sträucher, natürlich dicht gepflanzt, ergeben eine strukturreiche Kulisse, in denen sich die Vögel verstecken, nisten und ruhen können. Wählen Sie dazu unbedingt heimische Gehölze, ergänzt durch heimische Wildblumen und -gräser. Knospen, Samen und Früchte sind für Vögel nicht nur reichlich pflanzliche Kost, sondern bieten ihnen durch die angelockten Insekten auch tierische Eiweiße sowie wichtige Kükennahrung in der Brutzeit.

NOCH MEHR INSEKTENPARADIESE

Blumenwiese, Komposthaufen, Holzstapel und dichte Kletterpflanzen an Mauern und Wänden gehören dank ihrem Reichtum an Kleintieren zu den beliebten Aufenthaltsplätzen der Vögel. Auch flache Trinkstellen zählen dazu – selbst im Winter sollten Sie eine solche anbieten, um den Vögeln weite, energiezehrende Flüge zu ersparen. Wärmekissen oder eine Friedhofskerze in einem untergestellten Böschungspflanzring sorgen für eisfreies Wasser. Halten Sie ein Fernglas bereit, um die gefiederten Gäste zu beobachten.

GESCHÜTZTE NISTPLÄTZE

Um die Gefahr für die Brut zu minimieren, bauen Vögel Nester an geschützten Plätzen wie etwa in dichte, stachelige oder dornige Sträucher der Wildrosen, Weißdorn oder Schlehe.

Blaumeise

Dieser kleine, lebhafte Singvogel mit blau-weiß-gelbem Gefieder hält sich gern im dünnsten Geäst der Sträucher und Baumkronen auf.

STECKBRIEF

KÖRPERLÄNGE: 11 bis 12 cm

MARKANTE MERKMALE: blaue Kappe, Nacken, Flügel und Schwanz, gelbe Brust und Bauch, grau-grün-bläulicher Rücken, weißes Gesicht mit zarten schwarzen Augen- und Kinnstreifen, sehr kurzer, kräftiger Schnabel

ZEITLICHES AUFTRETEN: ganzjährig

ÜBERWINTERUNG: bei uns

NAHRUNG: kleine Insekten und deren Larven, Spinnen, Samen, an Futterstellen Meisenknödel, Erdnüsse, Sonnenblumenkerne

NOTWENDIGE GARTENSTRUKTUREN: insekten- und samenreiche Sträucher und Bäume mit feinen Ästen, Baumhöhle oder Nistkasten, flache Wasserstelle

Blaumeisenpaar am Nistkasten

SAL-WEIDE
Salix caprea

- 2–10 m hoher Strauch oder Baum
- blüht von März bis Mai
- sonniger Standort
- sehr robust, frosthart
- verträgt Schnittmaßnahmen

UNVERWECHSELBAR

Kein Gartenvogel ist so blau wie die wenig scheue Blaumeise, die deutlich kleiner als Kohlmeise (siehe Seite 12) und Spatz (siehe Seite 36) ist. Sie fällt aber nicht nur durch ihr Blau und Gelb auf, sondern auch durch ihr Verhalten: Mit ihrem Minigewicht von gerade mal 10 g turnt sie in den dünnen äußeren Zweigen der Büsche und Bäume, hängt mitunter sogar kopfüber flügelzuckend im Geäst und am Meisenknödel. Weibchen und Männchen unterscheiden sich nicht. Im Flug ist der grüne Rücken und

WEIL BLAUMEISEN AUF DÜNNSTE ZWEIGE SPEZIALISIERT SIND UND AUF STÄRKEREN ÄSTEN VON DER KOHLMEISE VERDRÄNGT WERDEN, SOLLTEN SIE AUF DEN RÜCKSCHNITT DER ZWEIGSPITZEN VERZICHTEN. SORGEN SIE STATTDESSEN FÜR EINEN NATÜRLICHEN WUCHS DER GEHÖLZE.

Flache Tränke und Wasserbad

Milchreife Sonnenblumenkerne sind beliebt

der kleine weiße Streifen auf jedem Flügel der Blaumeise markant sichtbar.

FUNDORT SAL-WEIDE

Unentwegt suchen die Blaumeisen in den äußersten Zweigspitzen nach tierischer Nahrung, dort kommen die schwereren Kohlmeisen nicht mehr hin. Kleine, weiche Raupen und Läuse sind besonders wichtig für Blaumeisen und ihre Küken. Als Futterpflanze für über 60 verschiedene Tag- und Nachtfalterraupen gehört die Sal-Weide zu den ergiebigen Speisefundorten. Aber auch auf vielen anderen Wildsträuchern wie Eberesche (Vogelbeere), Schwarzer Holunder, Roter Hartriegel, Pfaffenhütchen, Süßkirsche, Trauben-Holunder, Hunds-Rose, Weißdorn, Berberitze, Gemeiner Schneeball, Hainbuche und Apfelbaum findet sie reichlich Kleintiere – dort ernährt sie sich auch im Winter von den anstehenden Samen. Exotische Sträucher hingegen werden von vielen Insekten und deren Larven gemieden – darum gibt es dort auch für die Blaumeise nichts zu holen.

BRÜTET IM DUNKELN

Blaumeisen brüten natürlicherweise in verlassenen Baum- und Buntspechthöhlen. Durch den Erhalt von altem Baumbestand können Sie Buntspechte fördern. Blaumeisen nehmen gern Meisenkästen an – ein Flugloch mit einem Durchmesser von 26 bis 28 mm hält die konkurrenzstärkere Kohlmeise außen vor, wird aber auch gern von anderen kleinen Meisenarten, wie Tannen-, Hauben-, Sumpf- und Weidenmeise angenommen. Da Blaumeisen mit bis zu 15 winzigen Eiern die größten Gelege unter den heimischen Vögeln haben, ist ihr Nahrungsbedarf von April bis in den Juli hinein besonders groß.

Wichtig! Entschärfen Sie Glasscheiben durch helle Vorhänge, Jalousien, Rollos, ein enges Streifenmuster oder Markierungen mit speziellem „Bird Tape" auf der Außenseite – Blaumeisen gehören zu den häufigsten Opfern an Glasscheiben.

Kohlmeise

Diese größte und kräftigste heimische Meise trifft man häufig in Baumkronen, Sträuchern und an Futterstellen an.

Kohlmeise auf Pfaffenhütchen

STECKBRIEF

KÖRPERLÄNGE: 14 bis 15 cm

MARKANTE MERKMALE: schwarzer Kopf mit großem weißem Wangenfleck, gelber Bauch, olivgrüner Rücken

ZEITLICHES AUFTRETEN: ganzjährig

ÜBERWINTERUNG: bei uns

NAHRUNG: kleine Insekten und deren Larven, Spinnen, Samen, an Futterstellen Meisenknödel, Erdnüsse, Sonnenblumenkerne

NOTWENDIGE GARTENSTRUKTUREN: insekten- und samenreiche Sträucher und Bäume, Baumhöhle oder Nistkasten, flache Wasserstelle

EINDEUTIG ERKENNBAR

Die Kohlmeise ist leicht zu erkennen. Und auch die Geschlechter lassen sich deutlich voneinander unterscheiden: Männchen besitzen einen breiten durchgehenden schwarzen Längsstreifen auf gelber

ROTER HARTRIEGEL

Cornus sanguinea

- 2–4 m hoher Strauch
- blüht von Mai bis Juni
- sonniger bis halbschattiger Standort
- sehr robust, frosthart
- das ganze Jahr über attraktiv, auch im Winter dank roter Zweige

Alte Zwetschgenbäume bieten viel Insektennahrung

KOHL- UND BLAUMEISEN LEGEN FÜR DEN WINTER KEINE VORRÄTE AN. SIE ERNÄHREN SICH VON DEM, WAS SIE GERADE FINDEN – IN BUCHECKERREICHEN WINTERN VOR ALLEM DIE FETTHALTIGEN BUCHECKERN. DANN BLEIBEN KOHLMEISEN LANGE DEN FUTTERSTELLEN FERN.

Brust und Bauch, der bei den Weibchen viel schmäler ist und oft zerrissen erscheint.

VOR ALLEM INSEKTEN, IM WINTER SAMEN

Nach Buchfink und Amsel rangiert die Kohlmeise in den allermeisten Jahren auf Platz 3 der häufigsten heimischen Vögel. Grund dafür ist ihre absolute Anspruchslosigkeit: Der Kohlmeise genügen ein paar Bäume und Sträucher plus eine Höhle zum Brüten, egal ob natürlich oder künstlich. Wenig scheu nimmt sie jede dunkle Brutmöglichkeit an – und ebenso wenig scheu sucht sie im Geäst nach allen möglichen Kleintieren, im Winter auch nach verschiedenen Samen. Wie die Blaumeise ist auch die Kohlmeise ein Vogel, der selten mal auf dem Boden erscheint. Da sie fast doppelt so schwer ist wie ihre blaue „Schwester“ hält sie sich bei der Nahrungssuche im Innern der Büsche und Kronen sowie am Stamm auf. Dort, wo Sie Kohlmeisen entdecken, gibt es Raupen und andere Insekten plus ihre Larven, auch Läuse sind bei Küken in den ersten Lebenstagen beliebt. Im Winter mögen diese Samenkost, wie Roter Hartriegel, Schwarzer Holunder, Pfaffenhütchen, Trauben-Holunder, Hunds-Rose, Weißdorn, Berberitze, Gemeiner Schneeball, Schlehe und viele andere heimische Wildsträucher. Aus Sonnenblumen picken sie gern die frischen, milchreifen Samenkerne.

ALTE BÄUME – JA BITTE!

Noch mehr als die Blaumeise ist die Kohlmeise an Bäume gebunden. Im Garten bieten sich dafür Apfelbaum, Eberesche (Vogelbeere) und Feld-Ahorn an, in milderen Gebieten auch Süßkirschen, in größeren Gärten Berg-Ahorn und Zitter-Pappel. Da Kohlmeisen auch die Raupen von Frostspanner und Buchsbaumzünsler fressen, sind sie bei Gärtnern beliebt.

Besonders wertvoll ist ein alter Baumbestand, den Sie unter allen Umständen erhalten sollten! Die strukturreiche Rinde alter Bäume ist voller Insekten, dort baut der Buntspecht auch seine Bruthöhle in den Stamm. Hängen Sie zudem ausreichend Meisenkästen auf, am besten alle 10 m in jede Richtung. Kohlmeisen benötigen ein im Durchmesser 32 mm großes Flugloch.

Zilpzalp

Der eher versteckt lebende Zilpzalp singt ab März seinen Namen im Geäst – nur deshalb fällt er auf.

STECKBRIEF

KÖRPERLÄNGE: 10 bis 12 cm

MARKANTE MERKMALE: winzig, grau-grün

ZEITLICHES AUFTRETEN: März bis Mitte Oktober

ÜBERWINTERUNG: im Mittelmeerraum

NAHRUNG: Blattläuse, Ameisen, Mücken, Wanzen, Zikaden, Motten und Larven, Spinnen, auch Nektar und Pollen, Wildfrüchte

NOTWENDIGE GARTENSTRUKTUREN: insektenreiche Bäume und Sträucher mit nektar- und pollenhaltigen Blüten und Wildfrüchten, dichtes bodennahes Gebüsch (Brombeere, Brennnesseln) als Neststandort, Trinkwasser und Vogelbad

Zilzalp

Zilzap „nascht" Weidenkätzchen

WINZIG UND UNSCHEINBAR – das ist der Zilpzalp. Nur dank seiner Stimme fällt überhaupt auf, dass dieser Laubsänger bei uns vorkommt. Und das gar nicht selten: Laut ADEBAR steht der Zilpzalp auf Platz 9 im Ranking der häufigsten Brutvögel. Merkmale wie grau-olivgrüner Rücken mit hellerer Unterseite, einem dünnen gelblichen Streifen über dem Auge und dunkle Beine dienen vor allem dazu, ihn wenigstens ein bisschen vom optisch ähnlichen Fitis zu unterscheiden. Diese beiden Laubsängerarten ha-

MIT EINER WEIDE LOCKEN SIE DEN ZILPZALP, DER AUCH WEIDENLAUBSÄGER GENANNT WIRD, IN DEN GARTEN. DIE POLLENREICHEN KÄTZCHEN SIND NICHT NUR SEINE FRÜHLINGSKOST, SONDERN AUCH ATTRAKTIV FÜR VIELE INSEKTEN – SEINE BEUTE.

Jede Menge Beeren! Vom Roten Trauben-Holunder und Schwarzen Holunder.

TRAUBEN-HOLUNDER

Sambucus racemosa

- 3–4 m hoher Strauch
- blüht von April bis Mai
- sonniger bis halbschattiger Standort
- sehr robust, anspruchslos, frosthart
- dekorativ, süßlich duftende Blüte, roh ungenießbare Früchte, nach dem Kochen ohne Steinkerne essbar

ben sich nach der letzten Eiszeit zu zwei verschiedenen Arten entwickelt – und singen beide höchst verschieden, damit sich auch stets die richtigen Artgenossen zu Paaren zusammenfinden. Der weniger im Garten auftretende Fitis flötet sein Lied, während der Zilpzalp seinen Namen singt.

BLÜHENDE WILDSTRÄUCHER

Dichtes Gebüsch und stark verzweigte Baumkronen sind für den Zilpzalp lebensnotwendig: Er lässt sich nur dort nieder, wo es dies reichlich gibt. Auf Ästen und Zweigen von Trauben-Holunder, Gemeinem Schneeball, Wild- und Kulturapfel und -birne sowie vielen anderen heimischen Wildsträuchern und Bäumen huscht er umtriebig umher und nimmt mit seinem schmalen, spitzen Pinzettenschnabel am liebsten seine Lieblingsnahrung Läuse (Apfelblattlaus, Schwarze Bohnenblattlaus) auf. Von denen verputzt er reichlich, täglich mindestens dieselbe Menge, wie er selbst wiegt, also 6 bis 9 g – und wenn bei den ein bis zwei Bruten im Jahr bis zu sieben Küken im Nest satt werden wollen, ein Vielfaches am Tag. Weil der Zilpzalp im Frühling seinen hohen Energiebedarf auch mit Nektar und Pollen, im Herbst mit Wildfrüchten deckt, fördern Sie ihn mit heimischen Wildgehölzen – viele Gartengehölze sind steril und bieten weder Insekten eine Nahrungsquelle noch bilden sie Pollen, Nektar sowie Früchte.

DECKUNG IST WICHTIG

Der Zilpzalp verlässt nur selten den Schutz von dichtem Geäst. Er ist auf eine gute Deckung angewiesen. Ab März kehrt zuerst das Männchen aus dem Überwinterungsgebiet zu uns zurück und sucht einen geeigneten Brutplatz. Zunächst singt er aus dem dichten Gebüsch heraus, später, mit beginnendem Laubaustrieb, in den Kronen der Bäume. Die Weibchen, die später zurückkommen, halten sich vor allem bodennah im dichten Gebüsch auf. Dort bauen sie in 10 bis 40 cm Höhe auch das typisch kugelige, oben geschlossene Nest der Laubsänger, das an einen alten Brotbackofen erinnert. Um Katzen und andere Feinde abzuhalten, sind eine dichte Brombeerhecke oder Brennnesseln ein idealer Nestplatz.

Mönchsgrasmücke

Die Mönchsgrasmücke fällt durch ihren wunderschönen Gesang auf, den sie aus dem Gebüsch heraus vorträgt.

TRAUBEN-KIRSCHE

Prunus padus

- bis zu 8 m hoher Strauch oder 10–15 m hoher Baum
- blüht von Mai bis Juni
- sonniger bis halbschattiger Standort
- sehr robust, frosthart
- sehr dekorativ, intensiv nach Honig duftende Blüten, duftende, bittersüße Früchte

Mönchsgrasmücke Männchen

PFLANZEN SIE AN HAUSWAND UND MAUER WEINREBE UND EFEU, DARIN FINDEN MÖNCHSGRASMÜCKEN (FAST) ALLES, WAS SIE ZUM LEBEN BRAUCHEN.

STECKBRIEF

KÖRPERLÄNGE: 13 bis 15 cm

MARKANTE MERKMALE: grau-brauner Körper, Männchen mit schwarzer Kopfkappe, Weibchen mit rot-brauner Kopfkappe

ZEITLICHES AUFTRETEN: April bis Mitte Oktober

ÜBERWINTERUNG: Mittelmeerraum, Südengland

NAHRUNG: Insekten und Spinnen, auch Beeren

NOTWENDIGE GARTENSTRUKTUREN: insektenreiche Bäume und Sträucher mit nektar- und pollenhaltigen Blüten und Wildfrüchten

Dichte Brombeeren für den Nestbau

HÄUFIG IM GARTEN

Mönchsgrasmücken sind anspruchslos – sie stehen auf Platz 5 der heimischen Brutvögel, Tendenz zunehmend. Daher kommt dieser etwa kohlmeisengroße, aber etwas schlankere Singvogel bei uns fast überall vor – nur dort, wo Bäume oder Sträucher fehlen, kann er nicht überleben. Die Mönchsgrasmücke hält sich meist im Gebüsch auf, aus dem heraus auch während der Brutzeit der laute, dynamische Gesang ertönt. Da das singende Männchen mit seiner schwarzen Kopfkappe gern länger an einer Stelle verweilt, kann man es dann in der Deckung von Bäumenn und Sträuchern gut erblicken.

Junge Mönchsgrasmücken ähneln den Weibchen

VIELFALT AN WILDSTRÄUCHERN

Dichtes Geäst und Gebüsch sind das Ein und Alles für die Mönchsgrasmücken. Dort finden sie ihre Nahrung, dort bauen sie ihr Nest, dort halten sie sich auf. Mit vielen verschiedenen heimischen Wildsträuchern, die Sie auf natürliche Weise wachsen lassen und höchstens bei Bedarf verjüngend zurückschneiden, schaffen Sie in Ihrem Garten die richtige Lebensatmosphäre für Mönchsgrasmücken: Traubenkirsche, Schwarzer Holunder, Liguster, Roter Hartriegel, Eibe, Efeu, Kreuzdorn, Rote Heckenkirsche, Schlehe, Eberesche (Vogelbeere), Pfaffenhütchen, Süßkirsche, Roter Holunder, Faulbaum, Felsenbirne, Wacholder, Gemeiner Schneeball – die Liste geeigneter Gehölze ist lang. Wichtig beim Kauf: Wählen Sie strikt nur heimische Arten in ihrer Nominatform, also weder die exotischen Pflanzengeschwister wie etwa Weißer Hartriegel oder gezüchtete Sorten wie etwa die 'Roseum'-Sorte des Gemeinen Schneeballs. Dafür belohnt werden Sie nicht nur, weil mit diesen Pflanzen das Leben in Ihren Garten zieht, sondern weil Sie auch Mönchsgrasmücken beim Fressen der Früchte von Traubenkirschen, Schwarzem Holunder und Co. beobachten können.

EINST KURZSTRECKENZIEHER, HEUTE AUCH STANDVOGEL

Ebenso fürs Nest brauchen Mönchsgrasmücken dichte Sträucher (eine Brombeere ist ideal) oder einen jungen Nadelbaum: Die Männchen beginnen in bis zu 1,5 m Höhe den Bau mehrerer Nester, unter denen sich das Weibchen das passende aussucht und mit Halmen und Stängeln fertig baut. Mönchsgrasmücken besuchen gern auch Futterstellen – sie bedienen sich an Meisenknödeln und ähnlichem Fettfutter, das Sie in die Sträucher hängen. Wo sie das ganze Jahr über verlässlich gefüttert werden, können sie sogar den Winter über bei uns bleiben.

Kleiber

Ohne Bäume kein Kleiber – am Stamm zeigt er, wie gewandt er kopfüber senkrecht hinterlaufen kann.

Kleiber sind super Kletterer

MIT EINER FLACHEN WASSERSCHALE – ODER NOCH BESSER EINEM TEICH MIT FLACHEM UFER – BEREITEN SIE IHM GROSSE FREUDE.

STECKBRIEF

KÖRPERLÄNGE: 13 bis 15 cm

MARKANTE MERKMALE: grau-blauer Rücken, gelb-oranger Bauch, weiße Kehle und Wangen mit breitem schwarzem Augenstreifen, halslos, kurzer Schwanz

ZEITLICHES AUFTRETEN: ganzjährig

ÜBERWINTERUNG: bei uns

NAHRUNG: Käfer und andere Insekten sowie deren Larven, Spinnen, ab Spätsommer auch Bucheckern und Nüsse, an Futterstellen Erdnüsse, Sonnenblumenkerne, Kürbis-, Gurken- und Melonenkerne

NOTWENDIGE GARTENSTRUKTUREN: alte Bäume und Sträucher, Baumhöhle oder Nistkasten, Trink- und Badestelle, lose Kiefernrinde als notwendiges Nistmaterial

UNVERKENNBAR

Den Kleiber können Sie nicht verwechseln: Kein anderer Vogel von der Größe eines Spatzes klettert sonst so behände an Stamm und Ästen hinauf und hinunter wie er. Baumstämme sind sein Metier. Beim Klettern verlässt sich der Kleiber nur auf seine kräftigen Zehen, einen Stützschwanz wie der Specht besitzt er nicht. Dafür klopft er nach Spechtart mit dem kräftigen Schnabel die Rinde ab, um Insekten und Spinnen in den Ritzen und unter loser Rinde zu finden. Manchmal wird er darum auch „Spechtmeise“ genannt, aber trommeln tut er niemals!

HAINBUCHE

Carpinus betulus

- bis zu 7 m hoher Strauch oder bis zu 25 m hoher Baum
- blüht von Mai bis Juni
- sonniger bis halbschattiger Standort
- sehr robust, frosthart

Eibe als schönes Formschnittgehölz (rechts)

EIBEN BILDEN AB SPÄTSOMMER EINE WICHTIGE NAHRUNGSQUELLE.

IN BAUMNÄHE

Kleiber bleiben stets in der Nähe von Bäumen, mindestens einen alten Baum muss es im Garten oder angrenzend geben, wenn sich ein Kleiber ansiedeln will. Vor allem Bäume mit rauer Borke wie Eichen, Ahorne, Linden gehören zu seinen Favoriten, im Garten Hainbuche oder alte Hochstamm-Obstbäume (Apfel-, Birn- und Kirschbaum). Ab Spätsommer lebt der Kleiber vegetarischer: In Haselstrauch, Schwarz-Erle, Kornelkirsche, Eberesche (Vogelbeere), Rotem Hartriegel, Pfaffenhütchen, Traubenkirsche (*Prunus padus*!), Eibe, Liguster und Kreuzdorn findet er reife Wildfrüchte, auf deren Samen er besonders scharf ist. Mit seinem Schnabel kann er problemlos harte Nussschalen öffnen. Nur im Winter zieht es ihn auch mal etwas weiter weg von einem Baum: Dann besucht der Kleiber gern eine Futterstelle, schnappt einen Kern mit seinem Schnabel, fliegt davon und versteckt das Futter in einer Rindenritze, um sogleich den nächsten, den übernächsten und noch viele mehr zu erbeuten. Damit niemand seinen Vorrat findet, tarnt er sein Lager auch mit Moos und Flechten.

ZUKLEBEN À LA KLEIBER

Wie Meisen wählt auch der Kleiber zum Brüten eine verlassene Specht- und Baumhöhle, optimalerweise in über 3 m Höhe, auch einen gewöhnlichen Meisenkasten verschmäht er nicht. Nur bei der Größe des Flugloches nimmt es der Kleiber ganz genau: Es muss so klein sein, dass er sich gerade noch hindurchzwängen kann – so hält er größere Konkurrenten um den Brutplatz wie etwa Stare fern. Eine Kleiberhöhle können Sie daher leicht erkennen: Eine zu große Öffnung wird vom Kleiber mit feuchtem Lehm zugeklebt (von Kleber bekam dieser Singvogel seinen Namen), eine zu kleine Öffnung mit kräftigen Schnabelhieben vergrößert. Beim Nistkastenreinigen im September erkennen Sie das Kleibernest: Es besteht nur aus kleinen Rindenstücken.

Zaunkönig

Der winzige Zaunkönig mit der lauten Stimme hält sich vornehmlich zwischen niedrigen Pflanzen und am Boden auf.

IN BODENNÄHE

Auch im Garten kommt einer der kleinsten Vögel Europas vor – kleiner als der rundliche Zaunkönig sind nur noch die Goldhähnchen. Der Zaunkönig ist kein Vogel der Baumkronen und Sträucher, er verlässt nur ungern seine Deckung im bodennahen Gestrüpp. Dort huscht er flink wie eine sehr winzige Maus – ja, er ist viel kleiner als eine Maus! – herum, schlüpft behände durch Zäune hindurch und verschwindet sofort im niedrigen Gebüsch, wenn er sich entdeckt fühlt. Gleich nach der Landung, nach einem kurzen, geradlinigen, zielgerichteten Flug, stellt er sein kurzes Schwänzchen keck senkrecht in die Höhe, oft zuckt es noch mehrmals.

Zaunkönig

STECKBRIEF

KÖRPERLÄNGE: 9 bis 10 cm

MARKANTE MERKMALE: braun, heller Streifen überm Auge, langer, spitzer Pinzettenschnabel, kurzer Schwanz

ZEITLICHES AUFTRETEN: ganzjährig

ÜBERWINTERUNG: bei uns

NAHRUNG: Insekten und deren Larven, Spinnen, Asseln, Schnecken, unterm Gebüsch angebotene Mehlwürmer und Zaunkönig-Spezialfutter

NOTWENDIGE GARTENSTRUKTUREN: bodennah dichtes, kleintierreiches Gebüsch, unordentlicher Holzstapel mit feuchtem Unterholz oder Moos, kleines Gewässer wie Teich, Tümpel oder Bachlauf, Halbhöhlenkasten

Totholz = Zaunkönigparadies

Auch am Wasserrand sucht der Zaunkönig gern nach Nahrung.

Zaunkönignest im Efeu

Wenn man ihn singen hört, vergisst man seine winzige Statur: Bis zu 90 Dezibel laut schmettert er seine Gesangspassagen von ziemlich weit unten aus der Vegetation heraus.

EIN GUTES PAAR

Efeu und Zaunkönig passen gut zusammen. Beide mögen es eher schattig und feucht. Dort, wo Efeu an Wänden, Mauern oder Baumstämmen vom Boden an aufwärts ein dichtes Gewirr von Ästen, Zweigen und Blättern bildet, baut der Zaunkönig gern sein kugeliges Nest aus Moosen mit seitlichem Eingang. Das Männchen beginnt im Frühjahr mit dem Bau mehrerer Nester, von denen sich das Weibchen eines für die Aufzucht der Küken aussucht. Oft findet das Männchen dann für die anderen Neststandorte noch andere Weibchen. So viel Nachwuchs ist günstig, denn in strengen Wintern sind die Verluste hoch.

VERLUSTREICHE WINTERZEIT

Am Boden und im unteren, bodennahen Bereich findet der Zaunkönig auch seine Nahrung. Dort braucht er eine Vielfalt an kleinen Strukturen wie dichter Pflanzenwuchs aus Blumen, Gräsern, Büschen (Brombeergebüsch), unordentliche Stapel aus Reisig und Totholz, in denen sich viele Insekten, Spinnen und andere Kleintiere aufhalten. An seinem langen, feinen, spitzen, leicht nach unten gebogenen Schnabel erkennen Sie den Insektenfresser. Sorgen Sie in diesem Bereich auch für ausreichend geschützte Plätze, an denen sich Zaunkönige in kalten Winternächten als dicht zusammengedrängte Schlafgesellschaft gegenseitig wärmen können. Dem Zaunkönig zuliebe sollten Sie im Herbst auf keinen Fall verwelkte Stauden, Gräser und andere Pflanzen beseitigen oder Büsche zurückschneiden! Vielleicht mögen Sie ja im Schutz von dichtem Gestrüpp bodennah bis hüfthoch einen mit wärmendem Schaffell ausgepolsterten Halbhöhlenkasten als Winterschlafplatz aufhängen. Er wird dann auch gern fürs Nest angenommen.

EFEU

Hedera helix

- klettert bis zu 20 m hoch, kriecht auch am Boden
- blüht von August bis Oktober
- sonniger bis schattiger Standort
- sehr robust, frosthart
- wichtige Pflanze, alter Efeu ist für Vögel und Insekten unersetzbar!
- wächst langsam, attraktiv, giftige Beeren

WEIL AUCH DIE ZAUNKÖNIGBESTÄNDE IN ORDENTLICHEN GÄRTEN ABNEHMEN, FINDEN SICH IN KALTEN NÄCHTEN OFT NICHT MEHR AUSREICHEND INDIVIDUEN ZUSAMMEN, UM SICH ZU WÄRMEN. DARUM SIND LOKALE VERLUSTE VON 100 % NICHT SELTEN.

Star

Den Garten besuchen die geselligen Stare vor allem, um sich an Früchten oder Kleintieren zu laben.

STECKBRIEF

KÖRPERLÄNGE: 19 bis 22 cm

MARKANTE MERKMALE: während der Brutzeit metallisch schillernd schwarz gefärbt, nach der Brutzeit metallisch schwarz mit vielen weißen Tupfen (Perlstar), gelber Schnabel, rote Beine

ZEITLICHES AUFTRETEN: ganzjährig

ÜBERWINTERUNG: vermehrt bei uns, meist in großen Scharen

NAHRUNG: Insekten und deren Larven, Beeren und andere Wildfrüchte, an der Futterstelle Meisenknödel sowie Haferflocken, Nussstücke, Sämereien und Obst am Boden

NOTWENDIGE GARTENSTRUKTUREN: insektenreiche Blumenwiese, früchtetragende Sträucher und Bäume, mehrere Starenkästen an der Hauswand

SÜSSKIRSCHE

Prunus avium

- bis zu 15 m hoher Baum
- blüht im April
- sonniger Standort, empfindlich gegen Bodenverdichtung und Wind
- robust, frosthart
- braucht zur Befruchtung eine andere Süßkirsche in der Umgebung, nur wenige Sorten sind selbstfruchtbar

VOGEL DER OFFENEN KULTURLANDSCHAFT

Der Star ist ein geselliger Vogel, der sich vor allem in einer vielfältigen Kulturlandschaft wohlfühlt. Dort brütet er in lockeren Kolonien und sucht auf Wiesen seine aus allerlei Kleintieren bestehende Nahrung. Im Herbst, nach der Brutzeit und dem jährlichen Gefiederwechsel, schließt er sich dann als „Perlstar" zu Schwärmen zusammen, die riesig werden können. Ein großer Schwarm bietet Schutz! Und uns ein tolles Naturschauspiel, einen solchen Schwarm aus Zehntausenden Staren wie eine wabbernde Wolke völlig synchron die Richtung wechselnd zu beobachten.

Stare „naschen" gerne Himbeeren.

Vogeltränken sorgen für Badespaß.

Schnabel voller Raupen für die Küken

BESUCH IM GARTEN

Solche großen Schwärme besuchen im Herbst gern Weinberge oder Obstgärten, wo die Stare an Weintrauben, Kirschen und anderen Früchten ihren Hunger stillen. Kleine Starentrupps tauchen gern im Garten auf, denn auch dort locken Weintrauben und Süßkirschen. Manche Gartenbesitzer schützen ihre Früchte dann mit ausgehängten Netzen: Vielleicht mögen Sie sich mit dem Gedanken der Permakultur anfreunden und die Früchte Ihres Gartens mit den wilden Tieren teilen. Schließlich haben wir ihnen mehr weggenommen als sie uns. Oder Sie bieten den Staren Alternativen an, zum Beispiel üppige Wildfrüchte tragende Wildsträucher wie Himbeere, Schwarzer Holunder, Roter Hartriegel, Pfaffenhütchen, Traubenkirsche *(Prunus padus)*, Roter Holunder, Faulbaum, Felsenbirne, Weißdorn, Liguster, Hunds- und andere hagebuttentragende Wildrosen. Im Winter sind dann die Früchte von Efeu und Eberesche (Vogelbeere) beliebt.

STARENKÄSTEN

Auch der Bestand der einst so häufigen Stare nimmt deutlich ab, dieser heimische Singvogel steht seit 2015 sogar auf der Roten Liste gefährdeter Arten! Zeit, endlich auch etwas für diesen Vogel zu tun: Neben dem Teilen der Ernte können Sie hoch oben unterm Dachgiebel an der Hauswand oder an 4 m langen Stangen in Obstbäumen mehrere Starenkästen aufhängen. Diese sind etwas größer als Meisenkästen und haben ein 45 mm großes Flugloch. Wichtig ist der freie Anflug! Wenn die Kästen hängen, brauchen Sie nichts weiter zu tun: Stare reinigen die gebrauchten Kästen selbst. In der Brutzeit erfreut Sie der Star dann mit seinem hingebungsvollen Gesang, vorgetragen vom Dach des Nistkastens, Dachfirst oder der Antenne.

VON DER DEUTLICH GRÖSSEREN UND KRÄFTIGEREN AMSEL (SIEHE SEITE 24) UNTERSCHEIDET SICH DER ZIERLICHE STAR: ER HÜPFT NICHT, SONDERN WANDERT MEIST ZU MEHREREN RASTLOS VORWÄRTS. DABEI PICKT ER LINKS UND RECHTS MIT DEM SCHNABEL KLEINTIERE AUF.

Amsel

Einst ein scheuer Waldvogel, ist die Amsel heutzutage einer der häufigsten, wenn nicht gar der häufigste Gartenvogel.

STECKBRIEF

KÖRPERLÄNGE: 24 bis 29 cm

MARKANTE MERKMALE: Männchen samtschwarz, gelber Schnabel, gelber Ring ums Auge, Weibchen schokoladenbraun, brauner Schnabel, beide dunkle Beine

ZEITLICHES AUFTRETEN: ganzjährig

ÜBERWINTERUNG: bei uns

NAHRUNG: Regenwürmer, Schnecken, Insekten und deren Larven, Spinnen, ab Sommer Beeren und Wildfrüchte, an Futterstellen gern Rosinen und Apfelschnitze

NOTWENDIGE GARTENSTRUKTUREN: mit Falllaub und Ähnlichem bedeckte Bodenstellen, zwischen denen sich vielerlei Kleintiere aufhalten, dichte, früchtetragende Sträucher und Kletterpflanzen (Efeu) für Nahrung und Nest, Trinkwasser

Amsel Männchen

Amsel mit Jungvogel

WENN SIE GANZJÄHRIG EIN PAAR ROSINEN ANBIETEN, KÖNNEN AMSELN ZIEMLICH ZUTRAULICH WERDEN.

DER BEKANNTESTE GARTENVOGEL

Es gibt wohl kaum einen Garten, in dem keine Amseln leben. Ihre Bekanntheit liegt nicht nur daran, dass die Amsel nach dem Buchfink (siehe Seite 40) der häufigste Brutvogel bei uns ist, sondern auch an ihrem auffälligen Verhalten: Amseln zeigen sich oft und man hört sie auch. Während der Brutzeit von Februar bis Mitte Juli singen die Männchen ihr schönes Lied von

Früchte der Felsenbirne

FELSENBIRNE

Amelanchier ovalis, A. lamarckii

- bis zu 5 m hoher Strauch
- blüht von April bis Mai
- sonniger bis halbschattiger Standort
- robust, anspruchslos, genügsam, frosthart
- attraktiver Strauch, zarte Blüten, superleckere Früchte – wenn Sie diese ernten möchten, müssen Sie früh aufstehen, sonst waren die Vögel schneller.

AMSELN WÜHLEN GERN IM LAUB

weit oben herab. Vor Katzen warnen sie ganzjährig mit minutenlangen schrillen „tix tix tix"-Rufen, auch ihr tiefes „duck" ist zu hören. Während der Brutzeit dann vor allem „djück": Sofort erstarren die Küken oder flüggen Jungvögel und schweigen.

FRUCHTFRESSER

Sobald im Garten die ersten Früchte reif werden, gehören sie zur Hauptnahrung der Amseln: Schon morgens in aller Frühe pflücken sie die gerade reif gewordenen Felsenbirnen, Süßkirschen, Johannisbeeren, die Früchte von Schwarzem und Rotem Holunder, Traubenkirsche, Berberitze, Kreuzdorn, Seidelbast, Stechpalme, Rotem Hartriegel, Weißdorn, Pfaffenhütchen, Faulbaum, Hunds- und anderen Wildrosen, Eibe, Wacholder, Liguster, Schlehe, Gemeinem Schneeball, Kornelkirsche, Roter Heckenkirsche; im Winter dann Efeu und Eberesche (Vogelbeere). Selbst Wildfrüchte, die für uns Menschen ungenießbar oder gar giftig sind, verspeisen Amseln problem- und schadlos. Mit vielen verschiedenen Wildsträuchern können Sie nicht nur den Appetit von Amseln, sondern von vielen anderen Vögeln, Insekten und diversen Wildtieren stillen. Von Kirschen dunkelrote Kotflecken nehmen Sie dafür in Kauf.
Amseln sind neben Staren die einzigen Vögel, die von gemähten Rasenflächen profitieren – aber nur, wenn aufgrund des Verzichts künstlicher Dünger, giftiger Herbizide und Fungizide im Boden reichlich Regenwürmer leben. Beidbeinig hüpfend durchwühlen die Amseln auch Falllaub unter Gehölzen sowie Rindenmulch oder suchen unter Moospolstern nach Würmern und Kleintieren. Nun wissen Sie, wer dieses Material immer wieder beiseite scharrt.

WENIG WÄHLERISCH

Für das napfförmige Nest wählt die Amsel am liebsten dichtes Gebüsch oder dichten Efeu, sie nimmt aber auch viele andere Plätze an und baut ihr Nest, wenig scheu, ebenso in Balkonkästen, auf Balken und sogar in Regenrinnen. Vor allem die wenig geschützten Nester junger, unerfahrener Amseln werden dann gern von Elstern oder Rabenkrähen, Eichhörnchen oder Mardern, auch von Igeln geplündert – Eier sind wertvolle Nahrung. Doch diese Verluste können die lernfähigen Amseln gut wieder wettmachen: Sie brüten im Siedlungsraum bis zu viermal im Jahr mit je bis zu fünf Eiern.

Singdrossel

Die Singdrossel ist kein typischer Gartenvogel, doch wo alte Bäume stehen, taucht auch sie auf.

Singdrossel

SINGDROSSEL = SINGSTAR

Zu Recht trägt die Singdrossel ihren Namen: Unter den Drosseln ist sie der beste und lauteste Sänger. Obwohl die Singdrossel sich meist am Boden aufhält, singt das Männchen von Frühling bis in den Sommer hinein hoch oben im Innern einer Baumkrone. Man hört weithin sein lautes Lied aus stets zwei- oder dreimal wiederholten Motiven (Spitzname „Dreimalvogel"), doch den gut getarnten Vogel im dichten Geäst auszumachen ist dann gar nicht so einfach.

NAHRUNG AM BODEN UND IM GEÄST

Die Singdrossel ist ein schattenliebender Waldvogel: Die meiste Zeit verbringt sie am schattigen Boden und im bodennahen Gestrüpp, wo sie mit Füßen und Schnabel

STECKBRIEF

KÖRPERLÄNGE: 21 bis 24 cm

MARKANTE MERKMALE: kleiner, zierlicher als Amsel, auffällig helle, mit dicken braunen Tupfen verzierte Brust und Bauch, brauner Rücken

ZEITLICHES AUFTRETEN: Februar bis Oktober

ÜBERWINTERUNG: Mittelmeerraum, manche auch bei uns

NAHRUNG: Regenwürmer, Schnecken, Insekten und deren Larven (Engerlinge), Spinnen, ab Sommer auch Beeren und Wildfrüchte

NOTWENDIGE GARTENSTRUKTUREN: Bäume und früchtetragende Sträucher, deckungsreicher Unterwuchs, mit Falllaub bedeckter, kleintierreicher Boden, hohe Fichte als Neststandort

EBERESCHE, VOGELBEERE

Sorbus aucuparia

- bis zu 15 m hoch
- blüht von Mai bis Juni
- sonniger bis halbschattiger Standort
- robust, anspruchslos, sehr frosthart, verträgt Staunässe
- dankbarer Hausbaum, attraktiv mit weißen Blüten und orangeroten Früchten von Herbst bis Frühjahr
- Früchte roh bitter, nach Frost oder Tiefkühlen verarbeitet, schmackhaft herb

Singdrosselnest

DIE LIEBLINGSSPEISE DER SINGDROSSELN SIND GEHÄUSESCHNECKEN. UM AN DAS WEICHE INNERE ZU GELANGEN, ZERTRÜMMERN SIE DAS HARTE GEHÄUSE AUF EINEM STEIN. AUCH TREPPENSTUFEN EIGNEN SICH ALS „AMBOSS".

nach verschiedenen Kleintieren scharrt. Oft verrät sie sich dabei durch das Rascheln des Laubs. Wenn ab Sommer die verschiedenen Wildfrüchte reif werden, verlässt sie zur Nahrungssuche den Boden. Dann kann man sie früchteverzehrend im Geäst von Kreuzdorn, Wolligem Schneeball, Stechpalme, Traubenkirsche (*Prunus padus*, NICHT Spätblühende Traubenkirsche *P. serotina*!), Stachelbeere, Felsenbirne, Schwarzem Holunder, Pfaffenhütchen, Süßkirsche, Faulbaum, Hunds-Rose, Eibe, Felsenbirne, Weißdorn, Wacholder, Berberitze und Stechpalme beobachten. Wenn sie im Frühjahr wieder zu uns zurückkehrt, werden – neben den obligatorischen Kleintieren – die nun nach frostigen Perioden schmackhaften Früchte von Eberesche (Vogelbeere) und Efeu wichtig. An Futterstellen ist die Singdrossel eher ein seltener Gast, der auf dasselbe Futter steht wie die Amsel (siehe Seite 24).

VERSTECKTES LEBEN

Zum Nestbauen wählt das Weibchen gern die Krone einer hohen Fichte. Dort baut es gut versteckt im Kroneninnern ein festes Nest aus Halmen und kleinen Ästchen, die tiefe Nestmulde kleidet es mit einer Lehmmischung aus.

Grauschnäpper

Sein Gartenparadies besteht aus dichten Kletterpflanzen an Wand und Mauer, offenen Flächen für die Insektenjagd und beerentragenden Wildsträuchern.

Grauschnäpper

Jagdplatz Kompost

STECKBRIEF

KÖRPERLÄNGE: 14 bis 15 cm

MARKANTE MERKMALE: grau-braun, heller Bauch mit fein gestrichelter Brust, langer Schwanz, große schwarze Augen, langer spitzer Schnabel

ZEITLICHES AUFTRETEN: Mai bis Mitte September

ÜBERWINTERUNG: im südlichen Afrika

NAHRUNG: Mücken, Fliegen, Libellen und andere fliegende Insekten, auch Wespen, später Beeren und Wildfrüchte

NOTWENDIGE GARTENSTRUKTUREN: Zaun, Komposthaufen, Baumkronen als Sitzwarte, Blumenwiese und blühende Wildstauden, beerentragende Wildsträucher als Herbstnahrung, Holzstapel, Mauernische, dichte Wandbegrünung und ähnliche geschützte Plätze oder Halbhöhlenkasten fürs Nest, Schneckenhäuschen als Kalklieferant, Wasserstelle zum Trinken und Baden

ANSITZJÄGER

Der Grauschnäpper ist ein unscheinbarer, aber wenig scheuer Singvogel, der vor allem durch seine kurzen Jagdflüge auffällt: Aufrecht sitzt er auf einem Zaunpfosten, herausragenden Ast oder einer anderen freien, erhöhten Warte. Dabei zuckt er häufig mit Schwanz und Flügeln. Hat er ein fliegendes Insekt gesichtet, startet er plötzlich los, packt nach kurzem, wendigem Flug die Beute mit dem Schnabel und kehrt sofort zu seinem ursprünglichen Platz zurück. Fällt die Beute zu gering aus, so wechselt der Grauschnäpper den Platz. Wegen seiner Jagdweise wird er auch Grauer Fliegenschnäpper genannt. Ein reiches Angebot an fliegenden Insekten fördern Sie mit einer Blumenwiese und einer Vielfalt an Wildstauden, die den ganzen Sommer lang blühen.

Geschützter Platz fürs Nest

Insektenreiche Blumenpracht

GESCHÜTZT BRÜTEN

Zum Brüten suchen Grauschnäpper einen geschützten Platz auf: Das kann eine offene Höhlung oder ein größeres Astloch eines Baumstamms sein, ein Brennholzstapel, eine Mauernische oder auch die dichten Ranken von Anemonen-Waldrebe, Gemeine Waldrebe oder Efeu an Stamm, Hauswand oder Mauerwerk sein. Ihre Nester hat man auch schon an ungewöhnlichen Plätzen gefunden: in einem Türkranz, im Blumentopf oder auf Balken an der Scheunenwand. Falls Ihr Garten sehr aufgeräumt ist, sind solche Nistplätze oft Mangelware – halten Sie es zukünftig nicht mehr so genau mit dem Ordnungschaffen. Alternativ können Sie an einer geschützten, verborgenen Stelle einen Halbhöhlenkasten aufhängen oder ein etwa 14 x 14 cm großes Brett mit 3 bis 6 cm hohen, das Nest vorm Herunterfallen bewahrenden Seitenwänden anbringen. Hängen Sie diese zusätzlich und erst in der zweiten Aprilhälfte auf, damit sie nicht schon von anderen Vögeln besetzt sind, wenn der Grauschnäpper als einer der letzten im Frühjahr zu uns zurückkommt.

WILDFRÜCHTE IM SOMMER

Wenn ab Mitte Juli die ersten Wildfrüchte von Rotem Hartriegel, Feuerdorn oder Gewöhnlicher Traubenkirsche *(Prunus padus)* reif werden, nehmen Grauschnäpper gern auch diese kohlenhydratreiche Nahrung zu sich. So können sie genügend Fettreserven für den Start zum Langstreckenflug ins südliche Afrika aufbauen.

ANEMONEN-WALDREBE

Clematis montana

- klettert bis zu 7 m hoch
- blüht von April bis Mai
- schattiger Wurzelbereich, sonnige Krone
- robust, anspruchslos, frosthart
- wunderschöne, üppig rosa blühende Kletterpflanze, braucht Rankgerüst o.Ä. als Halt

GRAUSCHNÄPPER SIND GEWIEFTE WESPENJÄGER, DIE VOR DEM VERZEHR DEREN STACHEL UND GIFTBLASE ENTFERNEN – AUCH DARUM SOLLTEN SIE WESPENNESTER IM GARTEN DULDEN.

Rotkehlchen

Dieser kleine Singvogel mit orangeroter Brust, Kehle und Stirn ist der beliebteste Gartenvogel – auch weil er ziemlich zutraulich werden kann.

STECKBRIEF

KÖRPERLÄNGE: 12,5 bis 14 cm

MARKANTE MERKMALE: orangerote Brust, Kehle und Gesicht, oben bräunlich, unten weiß, große schwarze Augen, rundliche Gestalt

ZEITLICHES AUFTRETEN: ganzjährig

ÜBERWINTERUNG: teils bei uns, teils im Mittelmeerraum

NAHRUNG: Insekten, Spinnen, Würmer, Schnecken, ab Sommer auch Beeren und Wildfrüchte, am Futterhaus Rosinen, Weich- und Fettfutter

NOTWENDIGE GARTENSTRUKTUREN: höhere Bäume, dichte, beerentragende Wildsträucher mit Falllaub am Boden, dichtes, bodennahes Gestrüpp wie Brombeere oder Efeuranken, Holzstapel oder Reisighaufen als Nistort, kleiner Teich oder Wasserstelle zum Trinken und Baden

Rotkehlchen

Im flachen Vogelbad

STREITBARER ARTGENOSSE

Das hübsche Rotkehlchen meidet freie Flächen. Es hält sich meist im bodennahen Gestrüpp auf, lässt sich jedoch auch mal am Futterhaus sehen. Selbst zum Singen fliegt es nicht auf erhöhte Stellen, wie etwa die Singdrossel – seinen schönen wehmütigen Gesang trägt es ebenfalls aus niedrigem Gebüsch heraus vor. Da es dabei oft länger an einer Stelle verweilt, haben Sie durchaus die Chance, es dann zu sichten. Rotkehlchen singen das ganze Jahr über und auch nachts, etwa im Schein einer Straßenlampe oder weil dann der Verkehrslärm nachlässt. Sie verteidigen nämlich nicht nur zur Brutzeit, sondern ganzjährig ihr Revier – eindringende Artgenossen werden kämpferisch

ROTKEHLCHEN SIND WASSER-
RATTEN, DIE GERN BADEN UND
IEL TRINKEN: MINDESTENS EINE
USREICHEND GROSSE WASSER-
STELLE MIT STETS FRISCHEM
WASSER IST EIN MUSS.

vertrieben. Seine aus Kleintieren bestehende Nahrung findet das Rotkehlchen im Boden und unterm Falllaub. Rotkehlchen fressen auch gern aufgescheuchte Insekten: Bei Gartenarbeiten im Boden kommt es sehr nah und pickt die freigelegten Larven und Würmer auf. All dies schenkt ein organisch gedüngter, von jeglichen Pestiziden freier Boden mit reichlich Bodenleben!

AB SOMMER FRUCHTIG

Rotkehlchen lieben natürlich dichtes, geschütztes Gebüsch, gern stachelig und dornig. Dort finden sie nicht nur ausreichend Schutz – und in Bodennähe gute Nistplätze –, sondern auch ab Sommer nahrhafte Früchte heimischer Wildsträucher. Die Palette ist groß und reicht von Liguster, Rotem Hartriegel, Schwarzem und Rotem Holunder, Faulbaum, Gemeinem und Wolligem Schneeball, Roter Heckenkirsche und Felsenbirne über Weißdorn, Wacholder, Berberitze, Kreuzdorn, Schlehe, Hunds- und anderen Wildrosen bis zu Eberesche (Vogelbeere), Traubenkirsche *(Prunus padus)* und Eibe.

GESCHÜTZT UND SCHATTIG

Bodennah oder sogar am Boden versteckt: Im Gestrüpp baut das Rotkehlchen auch sein napfförmiges Nest. Dazu können Sie ihm im Garten einiges bieten, zum Beispiel in einer Ecke etwas Brombeergestrüpp (unbedingt im Zaum halten), an einer Mauer oder Wand bodennah dichte Kletterpflanzen wie Efeu, in feuchterer Umgebung Holzstapel und dichte größere Reisighaufen oder auch ein bodennah angebrachter Halbhöhlenkasten. Schützen Sie diese Plätze unbedingt vor herumstreunenden Katzen, dem ärgsten Feind in Gärten.

Dichtwüchsige Mispel als Nistplatz

PFAFFENHÜTCHEN

Euonymus europaeus

- 2–4 m hoch
- blüht unscheinbar von Mai bis Juni
- sonniger bis halbschattiger Standort
- robust, frosthart
- sehr dekorativ von August bis Oktober mit üppigem rosa bis scharlachrotem Fruchtbehang, Früchte giftig

Hausrotschwanz

Steil und felsig wie die ursprüngliche Heimat sind auch Siedlungen und Industriegebiete, in denen der Hausrotschwanz nun heimisch geworden ist.

Hausrotschwanz Männchen füttert Jungvogel

Weibchen am Nest

STECKBRIEF

KÖRPERLÄNGE: 13 bis 15 cm

MARKANTE MERKMALE: rostroter Schwanz, schlanker Körper; Männchen dunkelgrau, schwarze Brust und Gesicht, ein bisschen Weiß am Flügel; Weibchen grau-braun, graue Brust

ZEITLICHES AUFTRETEN: März bis Oktober

ÜBERWINTERUNG: im Mittelmeerraum, vermehrt auch bei uns

NAHRUNG: Insekten, Spinnen, an Futterstellen Weich- und Fettfutter

NOTWENDIGE GARTENSTRUKTUREN: Blumenwiese, heimische Wildstauden, früchtetragende Wildsträucher, Efeu, Mauernischen, Fassadenlöcher oder Halbhöhlenkasten zum Brüten

EINST EIN BERGVOGEL

Ursprünglich war der Hausrotschwanz ein reiner Gebirgsvogel, der in Felsspalten brütet. Heutzutage ist er in die menschlichen Siedlungen gezogen, da er in den hohen, nischenreichen Gebäudefassaden einen Ersatzlebensraum gefunden hat. So singt er heute statt von hohen Berggipfeln von Regenrinnen und Dachfirsten aus sein Lied. Der Hausrotschwanz ist ein Insektenjäger. Sein Jagdgebiet sind offene Flächen wie Rasen, Beete und Ähnliches, an dessen

SCHWARZER HOLUNDER

Sambucus nigra

- 2–7 m hoher Strauch oder Baum
- blüht duftend von Juni bis Juli
- sonniger bis halbschattiger Standort
- robust, anspruchslos, frosthart, verträgt Trockenheit, Wind und Stadtklima
- üppig blühend, ab August üppig Früchte tragend, Blüten essbar, Früchte nur gekocht
- alle vier bis fünf Jahre kräftig zurückschneiden

Blumeninseln und offener Boden sind beliebt.

BEI SPÄTEN WINTEREINBRÜCHEN UND SPÄTFROST BESUCHT DER HAUSROTSCHWANZ AUCH MAL EINE FUTTERSTELLE, WO ER SICH GERN AN FETT- UND WEICHFUTTER SÄTTIGT.

Rand sich ein erhöhter Sitzplatz befindet – das kann ein Zaunpfosten, herausragender Ast oder auch der Rand vom Kompostplatz sein. Dort hält er Ausschau nach verschiedenen Insekten, die er nach einem kurzen Flug schnappt. Rasch kehrt er zu seinem Sitzplatz zurück, zittert typischerweise mit dem Schwanz und knickst seine Beine. Er hüpft, anders als der Gartenrotschwanz (siehe Seite 34) auch am Boden, um Insekten und Spinnen zu erbeuten. Eine artenreiche Blumenwiese und Beete mit heimischen Wildstauden locken reichlich Insekten an, ebenso der Kompost.

INSEKTEN „PFLÜCKEN“

Der Hausrotschwanz beherrscht auch luftakrobatische Einlagen. Wie ein Kolibri kann er flügelschlagend in der Luft stehen bleiben, um Fliegen, Schnaken, Käfer, Spinnen und andere Kleintiere von Felsen, Mauern sowie den Blättern und Blüten von Bäumen und Sträuchern zu „pflücken“. Reichlich Beute können sie darum an verschiedenen heimischen Wildsträuchern machen, deren Blüten und Früchte verschiedenste Insekten und ihre Larven anlocken. Dazu gehören nicht nur der Schwarze Holunder, sondern auch Roter Hartriegel, Roter Holunder, Traubenkirsche *(Prunus padus)*, Faulbaum, Wacholder und Efeu. Hin und wieder verspeist er dabei auch mal eine Beere oder Wildfrucht.

ERSATZBRUTPLATZ FELSSPALTE

Zum Brüten braucht der Hausrotschwanz eine Nische in einer Mauer, ein Loch oder eine Spalte in einer Fassade. Auch Briefkästen sind willkommene Orte für das Nest. Denken Sie beim Bau von Mauer oder Gebäude an solche offenen Nischen. Alternativ können Sie einen Halbhöhlenkasten mit offener Front an Fassade, Wänden oder Mauern anbringen – einen im Baum angebrachten Nistkasten wird der Hausrotschwanz nicht annehmen, seine Welt sind die Felsen und Steine.

Gartenrotschwanz

Trotz seines Namens ist dieser wunderschöne Singvogel in heutigen Gärten rar geworden – sie sind ihm viel zu aufgeräumt.

Gartenrotschwanz Weibchen

STECKBRIEF

KÖRPERLÄNGE: 13 bis 15 cm

MARKANTE MERKMALE: rostroter Schwanz; Männchen orange Brust, schwarzes Gesicht, weiße Stirn, grauer Rücken und Flügel; Weibchen warmes Braun, hellerer Bauch

ZEITLICHES AUFTRETEN: April bis Anfang Oktober

ÜBERWINTERUNG: südlich der Wüste Sahara

NAHRUNG: Käfer und andere Insekten, Spinnen, Weberknechte, Tausendfüßer, Asseln, ab Sommer Beeren und Wildfrüchte, an Futterstellen Rosinen, Weich- und Fettfutter

NOTWENDIGE GARTENSTRUKTUREN: insektenreiche Blumenwiese und Wildstaudenrabatte, Kompost und unordentliche Gartenecken, im Herbst Wildfrüchte, alter ausgefaulter Obstbaum als Brutplatz oder Nistkasten mit ovalem Flugloch, hoher Baum als Singwarte, offene Bodenstellen

Gartenrotschwanz Männchen

EINER DER SCHÖNSTEN VÖGEL

Leider tritt dieser wunderschöne Singvogel nicht nur bei uns, sondern in ganz Europa immer seltener auf. Einer der Gründe dafür könnten die Winterquartiere südlich der Sahara sein, ein anderer unsere ordentlichen, aufgeräumten Gärten. Der Gartenrotschwanz ist nämlich viel anspruchsvoller als der verwandte Hausrotschwanz (siehe Seite 32), der es leichter

EIBE

Taxus baccata

- 3–10 m hoher Strauch, auch bis zu 15 m hoher Baum
- blüht unscheinbar von März bis Mai
- halbschattiger bis schattiger Standort
- robust, anspruchslos, frosthart
- immergrüner, schnittverträglicher Strauch, auch als Schnitthecke geeignet
- ab September/Oktober rote Früchte
- Alle Pflanzenteile, außer den roten Fruchthüllen, sind giftig!

GEGEN DIE GROSSE BRUTPLATZNOT, DIE DEN GARTENROTSCHWANZ BEI SEINER RECHT SPÄTEN RÜCKKEHR AUS DEM WINTERGEBIET ERWARTET, KÖNNEN SIE HELFEN: HÄNGEN SIE GEGEN ENDE APRIL SPEZIELL FÜR IHN NOCH EINEN NISTKASTEN MIT OVALEM FLUGLOCH (48 MM HOCH, 32 MM BREIT) AUF!

hat, sich in unserer an ökologischen Nischen armen Umgebung zu behaupten. Um den Gartenrotschwanz zu fördern, braucht es einen dringenden Verzicht auf reiche Stickstoffdüngung, wie sie auch in Gärten gang und gäbe ist. Im stickstoffreichen Boden verarmt die Pflanzenwelt und mit ihr der Insektenreichtum, was sich direkt auf die Nahrungssituation des Gartenrotschwanzes auswirkt. Wildblumenwiese, heimische Wildstaudenbeete, offen zugänglicher Komposthaufen und reichlich unordentliche Wildkrautecken wirken fördernd. Denn wie der Hausrotschwanz, lauert auch der Gartenrotschwanz von einer erhöhten Stelle (Torpfosten, herausragender Ast etc.) aus auf verschiedenste Insekten, die er in kurzen Jagdflügen erbeutet. Ebenso knickst er häufig und zittert mit dem Schwanz.

WILDE FRÜCHTE

Im dichten Geäst natürlich wachsender Wildgehölze wie der Eibe findet der Gartenrotschwanz Deckung und ab der Fruchtreife kohlenhydratreiche Nahrung. Auch mit Schwarzem und Rotem Holunder, Rotem Hartriegel, Pfaffenhütchen, Faulbaum, Liguster, Kreuzdorn, und Wolligem Schneeball, den Kleinbäumen Eberesche (Vogelbeere), Süßkirsche, Traubenkirsche *(P. padus)*, Wacholder und Felsenbirne sowie kletterndem Efeu erfüllen Sie seine Bedürfnisse.

BESONDERER NISTPLATZ

Zum Brüten mag es der Gartenrotschwanz nicht so dunkel wie Kohl- und Blaumeise, aber auch nicht so luftig hell wie Amsel oder Mönchsgrasmücke. Natürlicherweise brütet dieser Singvogel in Nischen und Spalten alter Bäume, er nimmt ebenso Mauerspalten an.

Haussperling, Spatz

Innenstädte – und weniger die Gärten der Vorstädte – sind das Revier des bekannten Haussperlings, besser bekannt unter seinem Kurznamen Spatz.

Spatzentrupp aus Männchen

Spatz auf Sonnenblumen

VOGEL DER PFERDEKUTSCHENÄRA

Überall, wo einst Pferde auf den Plätzen, Straßen und Wegen ihre Pferdeäpfel fallen ließen, waren Spatzenparadiese. Darin fanden diese geselligen Singvögel reichlich unverdaute Getreidekörner, von denen sie prächtig leben konnten. Dazu gab es reichlich dichte Hecken, in denen sie bei der geringsten Beunruhigung verschwinden oder sich gesellig austauschen konnten, viele Sandplätze zum Baden und Gefiederreinigen, mehr als genug Nistplätze in Löchern und Nischen von Gebäuden sowie unter Dachpfannen – und natürlich in und um die Dörfer jede Menge samenbildende Unkräuter. Wenn Sie diese Bedürfnisse des Spatzen mit der heutigen Situation in unseren Städten und Gärten vergleichen, ahnen Sie sofort, wieso der Haussperling immer seltener

STECKBRIEF

KÖRPERLÄNGE: 14 bis 15 cm

MARKANTE MERKMALE: kräftiger dunkler Schnabel; Männchen braunschwarzer Rücken, grauer Bauch, grauer Scheitel, schwarzer Kehlfleck; Weibchen bräunlich grau

ZEITLICHES AUFTRETEN: ganzjährig

ÜBERWINTERUNG: bei uns

NAHRUNG: Samen verschiedenster Pflanzen, Blattknospen, Getreide (auch aus Pferdeäpfeln), kleinere Insekten sowie Abfälle, an Futterstelle Sonnenblumenkerne, Erdnussstücke und grobe Getreideflocken

NOTWENDIGE GARTENSTRUKTUREN: reichlich samenbildende Gräser, Blumen und Kräuter in einer Blumenwiese oder wilden Ecke, dichtes Gebüsch als Aufenthaltsort, Nischen in Mauern und Gebäuden zum Brüten oder zahlreiche Nistkästen, offene Sandfläche

GEMEINER LIGUSTER

Ligustrum vulgare

- bis zu 3 m hoher Strauch
- blüht weiß von Juni bis Juli
- sonniger bis halbschattiger Standort
- robust, frosthart
- schnittverträglicher, dichter Strauch, beliebte Heckenpflanze; wenn möglich, jedes Jahr nur eine Seite der Hecke schneiden, die andere Seite blühen und fruchten lassen, schwarze Früchte giftig

Verblühtes zur Samenreife kommen lassen

wird und zeitweise sogar auf der Vorwarnliste der bedrohten Arten steht: Die umgreifenden Veränderungen der menschlichen Umgebung haben zum dramatischen Rückgang dieser einstigen Allerweltsvogelart geführt. Denn der Spatz ist und bleibt bei uns an die Nähe menschlicher Siedlungen gebunden.

SPATZEN FÖRDERN

Ihre Nahrung besteht aus den Samen vieler verschiedener Gräser, Blumen und Kräuter: Säen und pflanzen Sie daher nicht nur eine Blumenwiese oder lassen in wilden Ecken Unkraut gedeihen, sondern lassen Sie dieses vor allem auch bis zur Samenreife und dem Vertrocknen stehen – ergo: Abgeräumt wird erst am Ende des Winters. Des Weiteren bietet Ihr Grundstück reichlich dichtes Gebüsch, wie etwa eine Ligusterhecke oder auch einen Schwarzen Holunder, in dem sich das Spatzenvolk unermüdlich „schwätzend“ austauscht. In heimischen Wildsträuchern finden die Spatzeneltern zur Brutzeit Insekten als Kükennahrung. Außerdem freuen sich die Vögel über ein Sandbad, zum Beispiel unterm Dachtrauf, wo der feine Sand trocken bleibt.

BRÜTEN IN GESELLSCHAFT

Auch zum Brüten bleiben die Spatzen gern untereinander. Sie dulden andere Spatzen in viel größerer Nähe als andere Singvögel. Gute Nistplätze liegen in sehr dichtem Efeubewuchs an Haus- und Schuppenwand, in Löchern und Nischen einer alten Gebäudefassade, unter Dachpfannen oder auch in üblichen Meisennistkästen. Hängen Sie diese einzeln mit mindestens 20 cm Abstand zueinander auf, denn ganz so dicht wie in den angebotenen mehrteiligen Spatzenhäusern mögen sie es dann doch nicht.

BESITZEN SIE EIN STÜCK LAND AM SIEDLUNGSRAND, DANN LASSEN SIE ES UNGENUTZT BRACHLIEGEN – SO KANN SICH DARAUF EINE NATÜRLICHE PFLANZENDECKE MIT REICHLICH SAMEN BILDEN.

Feldsperling

Der „Feldspatz“ meidet die dicht bebauten Zentren der Städte – er bevorzugt Dörfer mit wildpflanzenreichen Wiesen, Feldern und Gebüsch.

STECKBRIEF

KÖRPERLÄNGE: 12,5 bis 14 cm

MARKANTE MERKMALE: spatzenähnlich (siehe Seite 36), schokoladenbraune Kopfkappe, weißes Nackenband, schwarze Kehle, schwarzer Wangenfleck, kräftiger schwarzer Schnabel

ZEITLICHES AUFTRETEN: ganzjährig

ÜBERWINTERUNG: bei uns

NAHRUNG: kleine Samen von Gräsern und Wildkräutern wie Gänsefuß, Vogelknöterich, Vogelmiere, auch Getreidekörner im weichen, unreifen Zustand (milchreif), an Futterstellen Sonnenblumenkerne, feinere Sämereien und Fettfutter

NOTWENDIGE GARTENSTRUKTUREN: Blumenwiese und Wildblumen mit reichlich Samen, dichtes Gebüsch als Schutzgehölz, alte Bäume mit Höhlungen als Brutplatz

Feldsperling mit Jungvogel (oben)

Feldsperling

SÄEN SIE REICHLICH SONNENBLUMEN AUS, DENN DIE UNREIFEN SAMEN WERDEN GERN VON DEN FELDSPERLINGEN AUS DEN BLÜTENKÖPFEN HERAUSGEPICKT.

Vogelmiere und Brennnessel

VOGELMIERE

Stellaria media

- 5–40 cm hohe, einjährige Pflanze
- blüht weiß von Januar bis Dezember
- sonniger bis halbschattiger Standort
- robust, anspruchslos, frosthart
- heimisches Wildkraut, das sich leicht ausbreitet, aber niemals lästig wird
- essbar, wertvolle Nahrungspflanze für Vögel

DORFVOGEL

Anders als der etwas größere Stadtvogel Haussperling ist der Feldsperling ein Landbewohner. Er liebt ländliche Gegenden mit an Wildkräutern und Wildgräsern reichen Wiesen und Feldern, in denen es zudem Heckenstreifen aus dichten Sträuchern gibt, sowie Feldgehölze und alte Baumbestände mit Nischen, Astlöchern und Höhlungen zum Brüten. Die geselligen Vögel ziehen das ganze Jahr über in kleinen Trupps umher – auch während der Brutzeit. Ihre Nahrung aus feinen Samen sammeln sie am Boden oder picken sie direkt von den Stängeln und Halmen der Pflanzen. Bei den Feldsperlingen sehen Männchen und Weibchen gleich aus.

UNKRÄUTER – JA BITTE!

Die oft als Unkräuter verschrienen heimischen Wildgräser und -kräuter bilden die Nahrungsgrundlage der Feldsperlinge: Sie stehen auf deren feine Samen! Diese können aber nur gebildet werden, wenn die Blumenwiese und die Wildstauden nicht nach der Blüte abgemäht werden. Stattdessen lässt man diese Blumen auf natürliche Weise verwelken, Samen bilden und über den Winter stehen. Dann fallen die Samen auf den Boden und dienen Feldsperlingen und anderen Tieren als Nahrung. Im Frühjahr ergänzen Blatt- und Blütenknospen den Speiseplan, ab Sommer hin und wieder auch mal Beeren und Wildfrüchte. Die Küken hingegen werden mit kleinen Insekten und deren Larven, etwa Raupen, gefüttert – auch diese finden die Vögel vor allem zwischen den Unkräutern.

SCHUTZ IM DICHTEN GEBÜSCH

Feldsperlinge können nur dort in Ruhe Samen sammeln, wo es auch dichtes Gebüsch gibt – in dieses fliehen sie sofort bei drohender Gefahr, etwa wenn ein Feind am Himmel oder Boden auftaucht. Dichte Büsche wie Liguster, Stechpalme, Besenginster, Schlehe oder auch Wildrosen sind wichtig für das hohe Schutzbedürfnis der auf offenen Flächen nahrungssuchenden Vögeln. Im Siedlungsbereich brüten Feldsperlinge in Nischen und Spalten von Häusern, Scheunen und Ställen, sie nehmen auch Meisennistkästen an. Kommen Feldsperlinge in Ihrem Garten vor, sollten Sie genügend Nistkästen aufhängen: Sonst kann es passieren, dass ein Feldspatzenpaar schon mal Meiseneltern aus einem Nistkasten verdrängt.

Buchfink

Obwohl der Buchfink der häufigste Brutvogel bei uns ist, fällt er viel weniger auf als Amsel oder Kohlmeise: Er hält sich meist in den Baumkronen auf.

Buchfink Männchen

STECKBRIEF

KÖRPERLÄNGE: 14 bis 16 cm

MARKANTE MERKMALE: Männchen recht bunt mit blau-grauer Kappe und Nacken, bräunlich rosa Gesicht und Brust, bräunlichem Rücken, hinten olivgrün, blau-grün-schwarz-weiße Flügel; die Weibchen sind blasser und bräunlich

ÜBERWINTERUNG: bei uns (Männchen)

NAHRUNG: Samen, Getreide, Früchte, im Sommer viele Insekten und Spinnen, an Futterstelle Sämereien und Haferflocken

NOTWENDIGE GARTENSTRUKTUREN: blühende und früchtetragende Bäume, raupenreiche Wildsträucher und Wildkräuter

Nest in einer Astgabel

ANPASSUNGSFÄHIG

Überall, wo ein paar große Laubbäume stehen, lebt der doch recht scheue Buchfink. Weil man ihn in Wäldern wesentlich öfter antrifft als in Siedlungen, ist er trotz seiner Häufigkeit recht unbekannt. Zudem hält er sich meist in den Baumkronen auf, aus denen er auch zur Brutzeit seinen Gesang oder das typische „Pink“ ertönen lässt.

IN BÄUMEN UND AM BODEN

Buchfinken ernähren sich im Sommerhalbjahr vor allem von verschiedenen Insekten, die sie sowohl in den Kronen der Bäume und Sträucher als auch am Boden suchen. Dort fallen sie durch ihr ruckartiges Trippeln auf. Bei der geringsten Störung fliegen sie sofort auf und verschwinden im Geäst. Im Winter hingegen sind Samen und Baumfrüchte ihre

AUCH AN DER FUTTERSTELLE SIND BUCHFINKEN SCHEU: SIE BRAUCHEN VIELE JAHRE, BIS SIE DIESE ZUM ERSTEN MAL BESUCHEN UND PICKEN SÄMEREIEN UND HAFERFLOCKEN NUR VOM BODEN AUF.

Hauptnahrung. Mit ihrem kräftigen Schnabel können sie problemlos harte Früchte wie die von Ahorn und Hainbuche öffnen. Heimische Laubbäume wie Berg-Ahorn, Hainbuche und Schwarz-Erle, auch Süßkirsche, sind daher das ganze Jahr über wichtige Nahrungsplätze. Ebenso verschiedene heimische, an Insekten reiche Wildsträucher wie Vogelbeere, Schwarzer und Roter Holunder, Felsenbirne, Weißdorn, Berberitze, Gemeiner Schneeball und Rote Heckenkirsche. Daneben laden Waldsäume mit Gänsefuß, Kreuzblütlern, Gräsern, Ampfer und anderen Wildkräutern, entsprechend durch Nichtmähen gepflegt, zur Nahrungssuche ein.

IN LUFTIGER HÖHE

Für sein napfförmiges Nest wählt der Buchfink eine Astgabel in der Baumkrone eines großen Baums, denn er schätzt den mehrere Meter großen Abstand zum Boden. Dann verteidigt das Männchen, auf einem etwas exponierten Ast sitzend, sein Territorium ums Nest mit unentwegtem Gesang. Indem Sie die Baumkronen und Sträucher nicht oder nicht so sehr auslichten, fördern Sie geschützte Nistplätze – davon profitieren auch andere Freibrüter. Die bis zu fünf Küken werden vor allem mit Raupen gefüttert – also Finger weg von Insektiziden. Nach der Brutzeit bilden Buchfinken große Trupps.

Ahornfrüchte

BERG-AHORN

Acer pseudoplatanus

- 8–30 m hoher Baum
- blüht mit hängenden Blütentrauben im Mai, erst ab einem Alter von mindestens 25 Jahren
- sonniger bis halbschattiger Standort
- robust, frosthart, empfindlich gegen Streusalz
- dank großer Blätter guter Lärmschutz

Gimpel, Dompfaff

Ein Gimpel ist niemals allein! Dieser ziemlich „dicke“ Finkenvogel taucht stets als Pärchen auf – in kühleren Lagen häufiger als in Weinbaugebieten.

Gimpelpaar: oben Weibchen, unten Männchen

Gimpel Männchen

„EHE“ AUF LEBENSZEIT

Der Gimpel gehört wohl zu den Vögeln, die als Paar das ganze, über acht Jahre andauernde Leben zusammenbleiben. Kleine Futtergeschenke, die das Männchen aus seinem Kropf hervorwürgt, tragen zur Bindung bei. Weil das rote Gewand und die schwarze Kappe des Männchens an einen Domherrn erinnerten, gab man diesem Vogel den Zweitnamen Dompfaff.

STECKBRIEF

KÖRPERLÄNGE: 14 bis 16 cm

MARKANTE MERKMALE: rundlich, kurzer, dicker schwarzer Schnabel, schwarzer Kopf und Schwanz, schwarz-weiße Flügel, weißer Unterschwanz; Männchen rosarote Brust, grauer Rücken; Weibchen bräunlich

ZEITLICHES AUFTRETEN: ganzjährig

ÜBERWINTERUNG: bei uns

NAHRUNG: Knospen, Weidenkätzchen, Samen von Bäumen, Wildkräutern und Blumen, an Futterstelle Samen

NOTWENDIGE GARTENSTRUKTUREN: dichte Wildsträucher als Schutz, Nahrungsquelle und Nestplatz, Nadelbaum

GIMPEL FÜTTERN IHRE KÜKEN MIT RAUPEN, SCHNECKEN UND VERSCHIEDENEN INSEKTEN, DIE SIE AUF STRÄUCHERN UND IN BAUMKRONEN SAMMELN.

EHER VERSTECKT

Trotz seiner imposanten Erscheinung fällt der Gimpel weniger auf – das liegt an seiner eher versteckten Lebensweise und dem unauffälligen Gesang. Zum Brüten wählt das Paar eine dichte Hecke, einen dichten Strauch oder Nadelbaum, in dem es nur wenige Meter über dem Boden zunächst eine kleine Plattform aus feinem Reisig in die Äste baut und auf diese dann das napfförmige Nest errichtet. Dünnen Sie daher die Sträucher und Hecken nicht zu arg aus und erhalten Sie einen wilden, buschigen Wuchs – so finden neben dem Gimpel auch noch andere Vögel darin einen vor Nesträubern versteckten Platz fürs Nest. Meiden Sie jegliche Schnittarbeiten an Hecken und Sträuchern während der bis in den Juli/August reichenden Brutzeit, um die Vogeleltern und Küken nicht zu stören. Vogeleltern sind in dieser Zeit empfindlich: Oft kehren sie schon nach der ersten Störung nicht mehr zum Nest zurück und bauen lieber an einem anderen Ort ein neues.

VEGETARIER

Gimpel ernähren sich von verschiedensten Pflanzenteilen, dabei nehmen sie das, was es gerade gibt: im Frühjahr Knospen und Kätzchenblüten, im Sommer und Herbst die Samen und Kerne verschiedener Beeren und Wildfrüchte, im Winter auch Samen von Birken und anderen Bäumen. Der kurze Schnabel ist bei derlei Ernten ein gutes Werkzeug zum Abzwicken, Schälen und Knacken. Darum bietet eine Vielfalt an heimischen Gehölzen mit Eberesche (Vogelbeere), Schwarzem und Rotem Holunder, Pfaffenhütchen, Süßkirsche, Traubenkirsche *(Prunus padus)*, Faulbaum, Kreuzdorn, Feuerdorn, Schlehe (Schwarzdorn), Gemeinem Schneeball, Hainbuche, Roter Heckenkirsche, Wald-Geißblatt, Berberitze, Hunds-Rose und anderen Wildrosen mit Hagebutten diesen Finkenvögeln gute Nahrung rund um Jahr. Auch die Samen von Wildkräutern wie Brennnesseln und Ampfer stehen auf dem Speiseplan der Gimpel.

FEUERDORN

Pyracantha coccinea

- 2–3 m hoher Strauch
- blüht weiß von Mai bis Juni
- sonniger Standort
- robust, sehr anspruchslos, winterhart
- immergrüner, dichter Strauch, ab September dicht mit orangeroten Früchten besetzt
- schnittverträglich, daher auch für Hecken geeignet, ebenso zur Wandbegrünung, wenn man seine Triebe an Rankhilfen hochleitet

Dichtes Gebüsch als Nistplatz

Girlitz

Der ursprünglich aus dem Mittelmeerraum stammende Girlitz ist der kleinste unter den heimischen Finkenvögeln.

STECKBRIEF

KÖRPERLÄNGE: 11 bis 12 cm

MARKANTE MERKMALE: sehr kurzer, dicker, heller Schnabel, markant gräulich-braun gestreift; Männchen zitronengelb an Kopf und Brust; Weibchen fast ohne Gelb

ZEITLICHES AUFTRETEN: Mitte März bis Anfang November

ÜBERWINTERUNG: im westlichen Mittelmeerraum, wenige auch bei uns

NAHRUNG: feine Samen von Wildkräutern und Blumen, Knospen, auch Insekten, an Futterstelle Kanarienvogelfutter und feinste Sämereien

NOTWENDIGE GARTENSTRUKTUREN: Bäume und Sträucher, wilde Blumenwiese mit vielen samentragenden Wildkräutern („Unkräuter"), eventuell dichter, hoher Nadelbaum als Brutplatz

Girlitz-Paar: links Weibchen, rechts Männchen

ZUGEWANDERT AUS DEM SÜDEN

Der Girlitz ist kleiner als eine Blaumeise. Ursprünglich kam der Girlitz nur am Mittelmeer vor, doch in den letzten 200 Jahren ist er nordwärts gewandert. In der abwechslungsreichen Kulturlandschaft hat er alles gefunden, was er zum Leben braucht: dichte Bäume und Sträucher zum Brüten, Wildkrautbestände als Nahrungslieferant und Dachfirste zum Singen. Heute ist sein Bestand wieder rückläufig, denn mit dem Rückgang der „Unkräuter" durch ständiges Mähen und Ausbringen von Herbiziden geht ihm das Essen aus.

Wildblumenecke mit Löwenzahn

HIRTENTÄSCHEL

Capsella bursa-pastoris

- 10–70 cm hohe einjährige oder zweijährige krautige Pflanze
- blüht von Januar bis Dezember
- sonniger Standort
- robust, anspruchslos
- heimisches Wildkraut mit weißen Blütchen in doldigem Blütenstand, bildet dreieckige bis herzförmige Schötchenfrüchte
- alle Teile essbar, im Garten dulden

WICHTIG! LASSEN SIE FÜR DEN GIRLITZ UNBEDINGT DIE WILDKRÄUTER ZUR SAMENREIFE KOMMEN!

WIRD VON UNKRÄUTERN SATT

Die feinen Samen verschiedener Unkräuter sind die Nahrungsquelle des Girlitzes. Besonders mag er die beschirmten Samen von Löwenzahn, Huflattich, Gänsefuß und vielen anderen heimischen Korbblütlern, die Sie am besten überall im Garten stehen lassen oder sogar gezielt in einer Wildblumenwiese ansiedeln. Der Girlitz steht auch auf die feinen Samen von Hirtentäschel – eine einzige Pflanze bildet im Jahr bis zu 20.000 Samen in den herzchenförmigen Schoten.

BÄUME: NAHRUNGSQUELLE UND SINGPLATZ

Gehölze sind für den Girlitz ebenso wichtig: Im Frühjahr frisst er die Blatt- und Blütenknospen der Laubbäume und Wildsträucher, in denen er sich gern auch versteckt. Ebenfalls wählt der wärmeliebende Girlitz für das sorgfältig gebaute Nest das dichte Geäst eines hohen Baums oder Strauchs, gern auch einen Nadelbaum. Dessen Spitze nutzt er als Singwarte, denn sein Lied lässt er stets von ganz oben ertönen – wo es keine Baumspitze gibt, weicht er auf einen Giebel oder eine Antenne aus. In der Brutzeit erbeutet er für seine Küken kleine, weiche Insekten wie Blattläuse oder Raupen. Sie werden mit dieser eiweißreichen, tierischen Kost zusammen mit aus dem Kropf vorgewürgten eingeweichten Sämereien ernährt.

Erlenzeisig

Das Sommerhalbjahr verbringt er vor allem in Nadelwäldern, doch im Winter fällt er in Birken und Erlen der Siedlungen auf.

ERLENZEISIGE FRESSEN AUCH DIE SAMEN VON VERSCHIEDENEN WILDKRÄUTERN WIE DISTELN, AMPFER ODER MÄDESÜSS.

Birke

Erlenzeisige

SCHWARZ-ERLE

Alnus glutinosa

- bis zu 30 m hoher Baum
- blüht von Februar bis April
- halbschattiger Standort
- robust, frosthart, verträgt Staunässe
- schöner Baum für große Gärten
- trägt ab September für einen Laubbaum ungewöhnliche Zapfenfrüchte

STECKBRIEF

KÖRPERLÄNGE: 11 bis 12 cm

MARKANTE MERKMALE: kleiner als Meise, kräftiger, spitzer Schnabel; Männchen grau-schwarz-gelb, heller Bauch, schwarzer Scheitel; Weibchen unauffällig

ZEITLICHES AUFTRETEN: ganzjährig

ÜBERWINTERUNG: bei uns

NAHRUNG: Samen von Bäumen und Wildkräutern, im Sommer auch Insekten, im Winter vor allem Erlen- und Birkensamen, an Futterstelle Meisenknödel, feine Sämereien

Nadelbäume sind gute Nistplätze.

Meist bilden Erlenzeisige einen auffallend dichten Flugschwarm, in dem die einzelnen Vögel – wohl zum Schutz vor Luftfeinden – dicht an dicht fliegen. Herrlich, wenn solch ein Zeisigschwarm dann im Garten auftaucht, um sich an den feinen Samen einer Birke oder Schwarz-Erle satt zu fressen. Sie müssen gar nicht hochgucken – Sie hören die Hunderte von Stimmen der unermüdlich in höchsten Tönen zwitschernden Erlenzeisige schon von Weitem.

FUTTERPLATZBESUCHER

Auch ein Futterplatz entgeht einem solchen umherziehenden Zeisigschwarm nicht: Gern tauchen sie dann zu vielen auf, um sich an Meisenknödeln und Fettfutterglocken satt zu fressen. Sie picken ebenfalls feine Sämereien am Boden auf.

IM SOMMER IN DER HÖH'

Während der Brutzeit von etwa März bis Juli sieht man den geselligen Erlenzeisig kaum. Dann zieht er sich in jene lichten Fichtenwälder der höheren Mittelgebirge oder Alpen zurück, in denen es reichlich mit Samen gefüllte Zapfen gibt. Mit seinem spitzen Schnabel hat er das perfekte Werkzeug, um diese Samen unter den Deckschuppen herauszupulen. In den Kronen der Nadelbäume, vor allem in buschigen Fichten, baut das Weibchen auch sein kleines, kompaktes Napfnest.

IM WINTER IN BIRKEN

Sobald die Brutzeit vorbei ist, bilden die Erlenzeisige große Trupps, zu denen sich ab Herbst noch die Erlenzeisige aus dem hohen Norden anschließen. Dann ziehen diese Zeisige unstet quer durchs Land auf der Suche nach Samennahrung. Im Flug fällt ein breiter gelber Streifen auf jedem Flügel und der gegabelte Schwanz auf.

Am Futterplatz

Grünfink

Die anpassungsfähigen Grünfinken kommen fast überall vor, wo es Sträucher oder mindestens einzelne Bäume gibt.

GRÜNFINKE STEHEN AUCH AUF DEN SAMEN VON VOGELMIERE, LÖWENZAHN UND VIELEN ANDEREN WILDKRÄUTERN!

STECKBRIEF

KÖRPERLÄNGE: 14 bis 16 cm

MARKANTE MERKMALE: großer Kopf, kräftiger hornfarbener Schnabel; Männchen moosgrün mit grauem Kopf und Hals, unten gelb-grün; Weibchen blasser

ZEITLICHES AUFTRETEN: ganzjährig

ÜBERWINTERUNG: bei uns

NAHRUNG: Samen, Knospen, Beeren und Wildfrüchte, auch Insekten, an Futterstellen Sonnenblumenkerne und Erdnussstücke

NOTWENDIGE GARTENSTRUKTUREN: immergrünes Gehölz, Vielfalt an heimischen Bäumen und Wildsträuchern, verschiedene Unkräuter, Vogeltränke rund ums Jahr – hierbei unbedingt auf Hygiene und täglichen Wasserwechsel achten!

Grünfinken

EIN SIEDLUNGSTYP

Angesichts der immer trostloser werdenden landwirtschaftlichen Flächen ist der recht anspruchslose Grünfink in das nähere Umfeld der Menschen gezogen. Dort, wo Menschen leben, findet er all das, was er zum Leben braucht: dichte Sträucher, Bäume oder Kletterpflanzen an Gebäudewänden als Brutplatz und Versteck sowie reichlich Pflanzenkost als

HUNDS-ROSE

Rosa canina

- Bis zu 3 m hoher Strauch
- blüht von Juni bis August
- sonniger bis halbschattiger Standort
- robust, anspruchslos, winterhart, verträgt Wind, Hitze, Stadtklima und Schnittmaßnahmen
- attraktiver Strauch mit zart duftenden, weißen bis hellrosa Blüten, ab September eiförmige rote Hagebutten
- wenn nötig, erst zurückschneiden, wenn die Forsythien blühen

Hunds-Rosen passen gut in den Naturgarten.

Glanzmispel-Hecken bieten dichte, immergrüne Verstecke.

Nahrung. Grünfinken sind nämlich strikte Vegetarier: Sie verzehren die Samen von Wildkräutern und Gehölzen, harte Schalen sind dank des kräftigen Schnabels kein Problem. Aber auch verschiedene Wildfrüchte sind eine wichtige Grünfinkennahrung.

GERNE WILDROSEN

Pflanzen Sie für den Grünfink Hunds- und Wildrosen in Ihren Garten und schneiden Sie Verblühtes nicht ab – Grünfinken stehen auf reife Hagebutten. Auch mit verschiedenen heimischen Wildgehölzen wie Eberesche (Vogelbeere), Rotem Hartriegel, Traubenkirsche *(P. padus)*, Eibe, Felsenbirne, Weißdorn, Wacholder, Berberitze, Schlehe, Gemeinem Schneeball, Schwarz-Erle, Hainbuche, Stechpalme und Liguster treffen Sie genau den Geschmack des Grünfinken. Und weil so viel trockene Samenkost durstig macht, vergessen Sie eine stets mit frischem Wasser gefüllte flache Vogeltränke nicht – sie muss auch im Winter gefüllt und eisfrei sein (das geht so: Böschungsmauerring nehmen, Friedhofskerze hineinstellen, flache Schale auf Ring stellen).

EINER DER ERSTEN NESTBAUER IM JAHR

Lange bevor die Bäume Blätter tragen, beginnt bei den Grünfinken die Brutzeit. Schon im Winter haben sich Paare gebildet, ab Februar werden gute Plätze für das napfförmige Nest in dichten immergrünen Büschen wie Lebensbaum *(Thuja)* oder Stechpalme *(Ilex)* gesucht. Grünfinken nisten gern in kleinen Trupps aus bis zu sechs Paaren. Gemeinsam verteidigen sie singend das Revier, um die Nester gegen Artgenossen und mögliche Nesträuber zu schützen – wenn das nicht reicht, auch handgreiflich! Sie können die Vögel mit gut verdeckten Brutplätzen unterstützen, indem Sie mehrere Zweigtaschen mit einer Schlaufe in einem Nadelbaum oder Strauch anbringen. Binden Sie dazu ein Bündel aus Zweigen – zum Beispiel vom Weihnachtsbaum. Die Küken werden zunächst mit Blattläusen, bald aber schon mit im Kropf aufgeweichten Samen gefüttert. Nach der Brutzeit bilden die Grünfinken größere Trupps, die nahrungssuchend mit anderen Finken, Spatzen und Goldammern abgeerntete Felder und brachliegende Flächen besuchen. In kalten Nächten bilden sie auch sich gegenseitige wärmende Schlafgesellschaften.

Stieglitz, Distelfink

Sein Zweitname Distelfink weist auf seine Hauptnahrung hin – die feinen Samen der Disteln und anderer Korbblütler.

Stieglitze auf Disteln

Stieglitz auf einer Erle

DIE LEBHAFTEN STIEGLITZE TURNEN GESCHICKT AN DEN STÄNGELN DER VERTROCKNETEN BLUMEN HERUM, UM DIE FEINEN SAMEN ZU PFLÜCKEN ODER HERAUSZUPULEN.

STECKBRIEF

KÖRPERLÄNGE: 12 bis 13 cm

MARKANTE MERKMALE: bunt, rotes Gesicht, weiß-schwarzer Hinterkopf, braun-beige, weißlicher Bauch, gelbe Flügelbinde

ZEITLICHES AUFTRETEN: ganzjährig

ÜBERWINTERUNG: bei uns

NAHRUNG: kleine Samen von Disteln, Löwenzahn und anderen Korbblütlern sowie Wildkräutern, im Winter auch Erlensamen, an der Futterstelle kleine Sämereien (Stieglitz- oder Waldvogelfutter)

NOTWENDIGE GARTENSTRUKTUREN: große Vielfalt an samenbildenden Korbblütlern, Schwarz-Erle als Winternahrung, hohe, dichte Bäume oder Büsche als Brutplatz, Vogeltränke

Sonnenblumen bieten Samen

IMMER IM TRUPP

Stieglitze sind gesellige Vögel. Nur selten werden Sie einen Stieglitz allein antreffen, denn selbst zur Brutzeit sind sie gemeinsam mit dem Partner oder Stieglitzen der Nachbarnester unterwegs. Sogar ihre kleinen Nester bauen sie dicht benachbart in die Krone hoher Bäume oder Büsche. Im Herbst und Winter bilden sie größere Schwärme aus einigen Hundert Vögeln, die kreuz und quer durch die Landschaft ziehen – immer auf der Suche nach Flächen mit verdorrten, samenreichen Unkräutern. Leider werden sie nicht nur in Gärten, sondern auch auf den riesigen landwirtschaftlichen Feld- und Wiesenflächen immer seltener fündig: Überall werden Wiesenpflanzen ratzeputz mehrmals im Jahr oder manchmal sogar kurz vor dem Winter runtergemäht: Es sieht schlecht aus für die Zukunft dieses hübschen Finkenvogels!

LANGER SPITZER FINKENSCHNABEL

Der Stieglitz ist darauf spezialisiert, mit seinem Schnabel die feinen, dicht an dicht stehenden Samen der Korbblütler aus dem Blütenboden herauszuziehen. Also ist er dort zu finden, wo es reichlich Disteln, Kletten, Löwenzahn, Huflattich, Greiskräuter, auch Ampfer, Karde und Mädesüß gibt und wo diese tatsächlich Samen ausbilden dürfen. Aus Liebe zu diesem etwas kleiner als spatzengroßen Vogel mähen Sie diese Wildkräuter in Blumenwiese und Beeten nicht weg, sondern lassen sie stehen – und zwar bis zur Samenreife und darüber hinaus, also bis ins zeitige Frühjahr hinein. Belassen Sie Grasinseln im Rasen, die reichlich Samen bilden und die nur einmal im Jahr gemäht werden. Bewahren Sie freie Flächen zwischen den Grundstücken vor „Verschönerungsmaßnahmen“: Dort dürfen all die Wildpflanzen das ganze Jahr über ungestört wachsen, die eben dort natürlicherweise so wachsen – vielleicht weist ein Schild auf diese ökologisch wichtige Fläche hin.

SCHWARZ-ERLE

Die nächste gute Tat besteht in der Pflanzung oder dem Erhalt von Schwarz-Erlen und Birken, deren feine Samen wichtige Winternahrung für Stieglitze und Erlenzeisige (siehe Seite 46) sind. Höhere Bäume und Sträucher, auch in Hecken, sind ebenso als Nistplatz wichtig. Da der Stieglitz bis in den August hinein brüten kann, ist es zu seinem Schutz nötig, strikt die gesetzlich verordneten Zeiträume für Schnittmaßnahmen zu beachten!

WILDE KARDE

Dipsacus fullonum

- 70–200 cm hohe zweijährige krautige Pflanze
- blüht von Juli bis August
- sonniger Standort
- robust, anspruchslos, frosthart
- hohe, attraktive Pflanze, die im ersten Jahr nur Blätter ausbildet und im zweiten Jahr blüht
- verwelkte Blütenstände strukturgebend im Winter, sät sich selbst aus und kann auch lästig werden

Bluthänfling

Der rastlose Bluthänfling verweilt nur während der Brutzeit an einem Ort, für sein Nest wählt er die dichtesten Gebüsche.

Bluthänfling

STECKBRIEF

KÖRPERLÄNGE: 13 bis 14 cm

MARKANTE MERKMALE: bräunlich graues Gefieder, kräftiger, dreieckiger Schnabel; Männchen blut- bis braun-rote Brust und Stirn

ZEITLICHES AUFTRETEN: ganzjährig

ÜBERWINTERUNG: bei uns

NAHRUNG: feine Samen von Wildkräutern und Bäumen

NOTWENDIGE GARTENSTRUKTUREN: sehr dichte Sträucher als Brutplatz, Blumenwiese mit samentragenden Wildkräutern, Unkrautflächen, an Futterstellen herabgefallene feine Sämereien am Boden

LASSEN SIE AUF ALLEN RASENFLÄCHEN, DIE SIE NICHT NUTZEN, WILDKRÄUTER ODER EINE BLUMENWIESE WACHSEN – GEMÄHT WIRD EINMAL IM JAHR ANFANG MÄRZ.

LEBHAFT

In der Brutzeit ist die beste Gelegenheit, den lebhaften Bluthänfling mit der namengebenden blutroten Brust mal länger zu beobachten: Dann zeigt sich das Männchen oft auf der Spitze eines Strauches. Meist liegt in der Nähe das Nest, welches das Männchen durch Präsenz und seinen Gesang im Umkreis von bis zu 15 m verteidigt – nicht nur gegen andere Bluthänflinge, sondern gegenüber jeglichem anderen Vogel.

HAUPTSACHE SUPERDICHT!

Bluthänflinge bauen ihr Nest im geschützten Gebüsch von Wacholder, Weißdorn oder Brombeere, in Gärten und Parks auch in anderen dornigen,

BROMBEERE

Rubus fruticosus

- bis zu 2 m hoher Strauch
- blüht von Mai bis Juli
- sonniger bis halbschattiger Standort
- robust, anspruchslos, frosthart
- neigt zum ungehinderten Ausbreiten, nur für große Gärten, regelmäßiger Rückschnitt
- eine der wertvollsten heimischen Wildsträucher mit undurchdringlichem stacheligem Geäst, keine stachellosen Kultursorten wählen

Stehen lassen! Bilden nach der Blüte feine Samen

stacheligen oder immergrünen Ziersträuchern. Blickdicht und bestens geschützt dank wehrhafter Dornen oder Stacheln ist absolut wichtig. Wenn es in Ihrem Garten solche Sträucher gibt, lassen Sie das Ausdünnen sein. Nach der Brutzeit streifen Bluthänflinge in kleinen Trupps auf der Suche nach Nahrung rastlos und weit umher, im Winter können sie auch größere Schwärme bilden, in denen sie besser vor Feinden geschützt sind. Dann lassen sich vor allem überfliegende Hänflingsgruppen beobachten.

FEINE-SAMEN-FRESSER

Wie Stieglitze (siehe Seite 50) sind auch Bluthänflinge alternativlos auf feine Samennahrung angewiesen. Ihre Nahrung finden sie vor allem auf offenen, wildkrautreichen Flächen in Bodennähe – dort pflücken sie die feinen Samen von Löwenzahn, Vogelknöterich, Sauerampfer, Vogel- und Sternmiere, Hirtentäschelkraut, Beifuß und vielen anderen Wildkräutern oder lesen die herabgefallenen Samen von Erlen, Birken und Pappeln auf. Wie so viele andere Vögel ist auch der Bluthänfling bei uns selten geworden. Er leidet unter Nahrungsmangel, denn feine Unkrautsamen sind durch Herbizideinsätze in der industrialisierten Landwirtschaft, durch ständiges Mähen auf Wiesen, Freiflächen und auch im Garten rar geworden. Helfen Sie ihm, indem Sie im Garten etwas fauler werden und Wildkräuter dulden und zur Samenreife kommen lassen.

Buntspecht

Dies ist bei uns der häufigste Specht, der überall vorkommt, wo ein paar alte Bäume stehen – auch in Gärten.

Buntspecht Weibchen am Nest, Jungvogel mit roter Stirn

Alte Obstbäume

APFELBAUM

Malus domestica

- bis zu 15 m hoher Baum
- blüht von April bis Mai
- sonniger, luftiger Standort
- robust, frosthart, vor Wind und Spätfrost schützen
- ökologisch wertvoller Hausbaum, muss regelmäßig geschnitten werden
- nicht selbstfruchtbar, braucht Bestäuberbaum in der Nähe, unbedingt geeignete regionale Sorte in der Baumschule wählen

STECKBRIEF

KÖRPERLÄNGE: 22 bis 23 cm

MARKANTE MERKMALE: schwarz-weiß, roter Unterschwanz; Männchen roter Nackenfleck

ZEITLICHES AUFTRETEN: ganzjährig

ÜBERWINTERUNG: bei uns

NAHRUNG: Insekten und deren Larven, Spinnen, im Frühjahr auch Vogeleier und Jungvögel, im Winter Fichten- und Kiefernsamen, an Futterstellen Meisenknödel

NOTWENDIGE GARTENSTRUKTUREN: alter Bestand an Laub- und Obstbäumen

BUNTSPECHTE BEDIENEN SICH AUCH AN HASELSTRÄUCHERN. UM DIE NUSSSCHALEN DURCH SCHNABELHÄMMERN ZU ÖFFNEN, STECKEN SIE DIE NUSS IN EINE ENGE RINDENSPALTE.

Buntspecht Männchen

An der Futterstelle

OHNE BÄUME GEHT GAR NICHTS

Da der Buntspecht sehr anpassungsfähig ist, kommt er nicht mehr nur in Wäldern vor, sondern hat die Siedlungen erobert. Das Wichtigste in seinem Leben sind alte Bäume, in denen er alles findet, was er zum Leben braucht: Nahrung, Nistplätze und Deckung. Mit dem kräftigen Schnabel klopft der Specht die Rinde ab, sein fester Schwanz dient dabei als Stütze für den Körper. Auf diese Weise findet er Insekten und Larven, die er mit seiner langen Zunge aus Holz und Borke holt. Im Winter ernährt sich der Buntspecht vor allem von den nahrhaften Samen in den Fichten- und Kiefernzapfen, auch von Nüssen und anderen Baumfrüchten. Im Frühjahr gehören Baumsäfte zu seiner Nahrung – er zapft die Stämme durch tiefe, geklopfte Löcher an, die ringförmig um den Stamm laufen („ringeln“).

BAUMHÖHLE

Anstelle eines geflochtenen Nests hämmert der Buntspecht in 2 bis 10 m Höhe eine tiefe Höhle in den Stamm eines Laubbaums, im Garten und auf Streuobstwiesen wählt er dazu auch alte Obstbäume. Dabei sucht der Buntspecht für seine Höhle gern Stellen am Stamm aus, an denen schon etwas Feuchtigkeit ins Holz gezogen ist, etwa unterhalb eines abgebrochenen Asts. Lassen Sie daher alte Obstbäume stehen, selbst wenn diese nicht mehr tragen – sie sind ebenso für Wildbienen (zum Beispiel Blauschwarze Holzbiene, siehe Seite 82) und viele andere Insekten interessant. Buntspechte nutzen die selbst gehämmerte Höhle meist nur einmal, dann ist sie frei für viele verschiedene Nachmieter wie Meisen, Kleiber, Siebenschläfer, Fledermäuse, Hornissen etc.

VORLIEBE MEISENKNÖDEL

Buntspechte besuchen ohne Scheu Futterstellen, vor allem während der Brutzeit und mit den Jungspechten (die Sie an dem roten Scheitel erkennen). Dann brauchen die Buntspechte besonders viel Nahrung, denn sie müssen ja nicht nur sich selbst, sondern auch die Küken satt kriegen. Problemlos hängen sie sich an Meisenknödel und hacken nach Spechtmanier kräftig zu.

Noch mehr Gartenvögel

Auf dieser Seite finden Sie noch mehr Vögel und worauf sie fliegen.

Sumpfmeise

Wo es genügend alten Baumbestand gibt, fühlt sich diese kleine Meise wohl. Samen von Wildgräsern, -kräutern und -blumen sind das ganze Jahr über wichtig, ab Herbst auch die Früchte von Geißblatt, Holunder und Eberesche (Vogelbeere).

Heckenbraunelle

Dieser bräunliche Singvogel hält sich stets in dichten Sträuchern auf. Nur im Frühjahr sieht man ihn auf der Spitze einer Fichte singen. Neben Insekten, Spinnen und Schnecken frisst er auch feine Wildkräutersamen (Vogelmiere, Vogelknöterich).

Nachtigall

Versteckt im dichten Gebüsch trägt die Nachtigall ihren wunderschönen Gesang vor – Tag und Nacht. Dort brütet sie auch. Insekten, Spinnen, kleine Würmer und Schnecken sucht sie im Gestrüpp am Boden, ab Sommer ebenso Wildfrüchte.

Goldammer

Dieser Vogel gebüschreicher Feld- und Wiesenlandschaften braucht zum Brüten höhere, dichte Sträucher, auf dessen Spitze das Männchen in der Brutzeit singt. Im Herbst und Winter sammeln sie die Samen von Wildgräsern – unbedingt stehen lassen!

Kernbeißer

Kein typischer Gartenvogel, aber wo Hainbuchen, Haselbüsche, Wild- und Traubenkirschen mit harten Baumsamen stehen oder an Ebereschen, Holunder, Eiben, Weißdorn, Wacholder und anderen Wildsträuchern Früchte hängen, lässt er sich sehen.

Wacholderdrossel

Diese gesellige Drossel ernährt sich nicht nur von Regenwürmern, Insekten und deren Larven, sondern auch von den Wildfrüchten von Wacholder, Kreuzdorn, Weißdorn, Wildrosen (Hagebutten), Mehlbeere, Eberesche und im Baum hängen gebliebenen Äpfeln.

Elster

Trotz ihres schlechten Rufs sorgt die Elster durch ihr störendes Auftreten dafür, dass Gartenvögel fitter sind. Sie braucht einen hohen Laubbaum, in dessen Krone sie ihr großes, überdachtes Nest baut. Sehr intelligent!

Seidenschwanz

Wintergast: Wenn es im hohen Norden zu wenig Nahrung gibt, ziehen im Winter große Schwärme zu uns. Sie suchen in Wildgehölzen wie Eberesche (Vogelbeere), Eibe, Weißdorn, Liguster, Stechpalme nach Früchten und hängen gebliebenem Obst (Apfel).

Grünspecht

Auch der Grünspecht fliegt auf Pflanzliches: Obwohl er sich vor allem von Ameisen ernährt, braucht er für seine Nisthöhle ältere Laub- oder Obstbäume mit kranken, weichen Stammstellen. Dasselbe gilt für den ähnlichen Grauspecht.

Schwebfliege

Worauf Insekten fliegen

Auch im Garten sind die meisten Tiere Insekten – und ihre enorm wichtige Bedeutung als Blütenbestäuber, Nahrungslieferanten und Gegenspieler kann man gar nicht oft genug betonen! Machen Sie Ihren Garten attraktiv für die Sechsbeiner!

LEBEN ALS LARVE UND IMAGO

Insekten verbringen die längste Zeit ihres Lebens als Larve. Dabei müssen sie ständig fressen, um die Größe des erwachsenen Insekts zu erreichen. Das erwachsene Insekt, Adult oder Imago genannt, wächst nicht mehr, sondern dient der Verbreitung und Vermehrung. Manche Insektengruppen wie Käfer, Schmetterlinge, Bienen und Wespen, Fliegen und Mücken legen nach dem Larvenstadium noch ein Puppenstadium für die Verwandlung zum erwachsenen Insekt ein.

KEINE INSEKTIZIDE!

Insektenvernichtungsmittel sind ein No-Go im Garten, ebenso Herbizide (wie etwa Glyphosat) oder andere Gifte! Verbannen Sie sie endgültig und für immer aus Ihrem Umfeld. Auch ständiges Mähen und Beseitigen von Pflanzen durch Abräumen, etwa im Herbst, vernichtet Insekten, denn es nimmt ihnen die frostgeschützten Plätze, an denen Insekten als Eier, Larven, Puppen oder Adulte in Kältestarre überwintern.

VIELFALT AN KLEINSTRUKTUREN

Da Larven und erwachsene Insekten oft verschiedene Nahrung zu sich nehmen, müssen in Ihrem Garten beide Entwicklungsstadien genügend zum Fressen finden. Zudem brauchen sie nicht nur arttypisch bestimmte, vor allem heimische Wildpflanzen, sondern auch eine Vielfalt an Strukturen wie Reisig-, Laub- und Komposthaufen, Totholz u.a.

Blumenwanze

Trotz ihres Namens findet man Blumenwanzen meist an Blättern, auf denen sie Läuse und andere kleine Insekten jagen.

STECKBRIEF

KÖRPERLÄNGE: bis zu 5 mm

MARKANTE MERKMALE: kleiner, flach-ovaler, schwarz-bräunlich-heller Körper, glänzende Vorderflügel, vorstehender, schmaler Kopf mit großen Augen, dünner Stechrüssel, der im Ruhezustand am Bauch anliegt

ZEITLICHES AUFTRETEN: März bis November

ÜBERWINTERUNG: nur Weibchen in Rindenritzen, zwischen Laub am Boden und verwelkten Pflanzen

NAHRUNG: Blattläuse, kleine Fliegen und andere kleine Insekten, auch Pollen, Nektar und Pflanzensäfte

NOTWENDIGE GARTENSTRUKTUREN: insektenreiche Kleinbäume, Sträucher und krautige Pflanzen, frostsichere Überwinterungsplätze in Falllaubschichten und stehen gebliebenen Blumen und Stauden

RÄUBERISCHE WANZEN

Die rund 50 verschiedenen Blumenwanzenarten (Familie Anthocoridae) fallen wegen ihres kleinen Körpers kaum auf, dabei gehören sie zu den häufigsten heimischen Wanzen. Alle Blumenwanzen leben räuberisch: Auf den Blättern verschiedener krautiger Pflanzen wie Brennnesseln und Wildstauden, aber auch auf Obstbäumen, Eschen, Weißdorn und anderen Gehölzen jagen sie Blatt- und andere Pflanzenläuse, Blattflöhe, Blattsauger, Spinnmilben, Thripse sowie andere kleine Insekten. Hat eine Blumenwanze ein Beutetier überwältigt, saugt sie dieses mit ihrem langen, festen Saugrüssel aus.

HEIMISCHE PFLANZEN WÄHLEN

Blumenwanzen sind auf Bäume, Sträucher und krautige Pflanzen angewiesen. Da sich auf heimischen Pflanzen erwiesenermaßen mehr Insekten aufhalten als auf exotischen oder gezüchteten Gartenpflanzen, sollten Sie vornehmlich diese für Ihren Garten wählen. Besonders schön ist der Gemeine Schneeball – achten Sie unbedingt darauf, dass Sie auch die Wildform pflanzen und nicht gezüchtete Sorten wie etwa die gefülltblütige

Blumenwanze saugt mit ihrem Stechrüssel eine Blattlaus aus

BLUMENWANZEN SIND WEHRHAFT – WENN SIE SICH BEDROHT FÜHLEN, STECHEN SIE MIT DEM RÜSSEL ZU, AUCH MENSCHEN. LASSEN SIE DARUM DIE KLEINEN RÄUBER IN RUHE AUF JAGD GEHEN.

Wildblumenbeet: Jagdrevier der Blumenwanzen

Frostgeschützte Plätze für die Winterruhe

GEMEINER SCHNEEBALL

Viburnum opulus

- bis zu 5 m hoher Strauch
- blüht von Mai bis Juni
- sonniger bis halbschattiger, eher feuchter Standort
- robust, anspruchslos, frosthart
- attraktiver Strauch mit dünnen, leicht gebogenen Zweigen, weißen, duftenden Blüten und ab September giftigen roten Früchten in Büscheln, die über den Winter hängenbleiben

Sorte 'Roseum' mit zwar wunderschönen, aber sterilen Blüten. Dadurch fördern Sie das natürliche Vorhandensein von verschiedenen Blumenwanzen, die dann wie eine Feuerwehr zur Verfügung stehen – etwa, wenn sich witterungsbedingt Blattläuse gar zu sehr vermehren.

VERWELKTES = WINTERSCHUTZ

Blumenwanzen paaren sich im Herbst. Danach verenden die meisten Männchen, vor allem die befruchteten Weibchen überwintern in einem bewegungsunfähigen Zustand der Kältestarre an geschützten, trockenen Stellen: Das ist unter losen Borkenschuppen, in Grashorsten und anderen dichten Pflanzen oder zwischen dem Falllaub am Boden. Lassen Sie darum Verblühtes und Verwelktes unbedingt über den Winter stehen und das Falllaub liegen, es sind wichtige Winterverstecke für Blumenwanzen und viele andere Kleintiere. Jedes Blumenwanzenweibchen, das den Winter nicht überlebt, bedeutet den Verlust einer ganzen Generation. Im Frühjahr, bei ansteigenden Temperaturen, werden die Weibchen wieder aktiv – nun legen sie bis zu 200 winzige Eier in das Gewebe verschiedener Blätter. Im Mai und Juni treten dort die Larven auf, ab August die erwachsenen Tiere der nächsten Generation.

Rosenkäfer

Die metallisch grün glänzenden Rosenkäfer sind leicht erkennbar – sie halten sich auf Blüten verschiedener Sträucher auf.

WEISSDORN

Crataegus monogyna, C. oxyacantha

- 3–5 m hoher Strauch, bis zu 8 m hoher Baum
- blüht von Mai bis Juni
- sonniger bis halbschattiger Standort
- robust, frosthart
- schnittverträglich, daher als Schnitthecke geeignet
- wunderschöner Hausbaum, ab September übervoll mit kleinen roten mehlig-säuerlich-herben Apfelfrüchten

AUFFALLEND GRÜN

Unter den etwa 15 verschiedenen Arten von Rosenkäfern, die in Mitteleuropa leben, sind der Gold-, Rosen- und der Trauer-Rosenkäfer die häufigsten, auch im Garten. Rosenkäfer gehören wie der Mai- und Junikäfer zu der artenreichen Käferfamilie der Blatthornkäfer (Scarabaeidae). Trotz ihres kompakten, breiten Körpers können Rosenkäfer schnell und zielgerichtet fliegen. Im Flug fällt auf, dass Rosenkäfer ihre harten, zu Flügeldecken ausgebildeten Vorderflügel nicht anheben, sondern auf dem Rücken liegen lassen. An den Seiten dieser Vorderflügel gibt es kleine Schlitze, durch die die weichhäutigen Hinterflügel herausgestreckt und zum Fliegen entfaltet werden können. Die Landung fällt hingegen öfters auch mal hart aus – daher scheinen Rosenkäfer immer mal wieder „wie vom Himmel herab“ einem vor die Füße zu fallen.

STECKBRIEF

KÖRPERLÄNGE: 14 bis 20 mm

MARKANTE MERKMALE: sehr breiter, flacher metallisch grüner Körper, sehr kleiner Kopf

ZEITLICHES AUFTRETEN: Mai bis Oktober

ÜBERWINTERUNG: als Larve vor allem in Kompost, Mulm, morschem Holz

NAHRUNG: Pollen, Nektar, reifes Obst und andere Pflanzensäfte, für die Larven abgestorbene Pflanzenreste, auch Holz

NOTWENDIGE GARTENSTRUKTUREN: nektar- und pollenreiche blühende Sträucher, Kompost, morsche Baumstubben und Wurzeln

BLÜHENDE WILDSTRÄUCHER

Rosenkäfer ernähren sich von Pollen und Nektar, hin und wieder auch mal von einem zarten Blütenteil. Gemäß ihres kräftigen Körpers besuchen sie vor allem

ROSENKÄFER STEHEN ALS BESONDERS GESCHÜTZTE ARTEN UNTER NATURSCHUTZ. DIES GILT AUCH FÜR DIE LARVEN.

Rosenkäfer-Larve

Nashornkäfer-Larve

Maikäfer-Larve

Junikäfer-Larve

größerflächige, stabile Blüten oder Blütenstände verschiedener Sträucher wie Weißdorn, Schwarzer und Roter Holunder, Roter Hartriegel, Hunds- und andere Wildrosen, auch Blüten von Obstgehölzen und Doldenblütlern, auf denen sie längere Zeit verweilen. Dabei werden Rosenkäfer aber niemals schädlich, sondern leisten gute Dienste als Bestäuber. Tatsächlich gehören Käfer zu den ältesten Blütenbestäubern: Die allerersten Blüten der Erdgeschichte waren Magnolien und Seerosen – diese werden noch heute vor allem von Käfern bestäubt.

UNEINGESCHRÄNKT NÜTZLICH!

Die Larven der Rosenkäfer heißen, wie alle Blatthornkäferlarven, Engerlinge. Da sie sich nur von zersetzenden Pflanzenresten und morschem Holz ernähren, findet man sie nicht nur in zersetzenden Baumstubben und toten Wurzeln, sondern auch im Komposthaufen. Sie gehören damit zu den wichtigen Zersetzern, die dafür sorgen, dass abgestorbene Pflanzen wieder in den Nährstoffkreislauf zurückgeführt werden. Ihre besondere Bedeutung erhalten sie, weil sie das für viele Bodenlebewesen unverdauliche Holz verdauen können, sodass auch dieses letztlich wieder zu Humus wird. Entdecken Sie im Kompost Engerlinge, müssen Sie diese dort belassen – so können Sie helfen, dass aus Kompost guter Gartendünger wird. Rosenkäferlarven brauchen zwei bis drei Jahre, bis sie ihre endgültige Größe erreicht haben. Dann verpuppen sie sich in der Erde in einem Kokon aus Erde und Holzfasern zum erwachsenen Käfer.
Im Garten können Sie nicht nur die Larven der Rosenkäfer, sondern noch weitere ähnliche Larven anderer Blatthornkäfer finden.

LARVEN UNTERSCHEIDEN

1. Im Kompost, sich zersetzendem Holz: Engerlinge, die nur totes Pflanzenmaterial fressen und als Zersetzer einen wichtigen Beitrag im Nährstoffkreislauf leisten
Rosenkäfer-Engerling: bis zu 3 cm lang, bewegt sich in Rückenlage fort
Nashornkäfer-Engerling: bis zu 10 cm lang – so lang wird kein anderer im Garten
2. Im Erdboden, auch in getopften Pflanzen: Engerlinge ernähren sich von lebenden Pflanzenwurzeln
Maikäfer-Engerling: 5 bis 6 cm lang, drei kräftige, geknickte Beinpaare. Kriecht seitlich schlängelnd
Junikäfer-Engerling: nur 3 cm lang, bewegt sich auf dem Bauch liegend fort
Gartenlaubkäfer-Engerling: nur bis zu 1,5 cm lang, lebt in 10 bis 15 cm Bodentiefe

Hainschwebfliege

Unter den rund 450 verschiedenen heimischen Schwebfliegen ist die Hainschwebfliege eine der häufigsten Gäste im Garten.

STECKBRIEF

KÖRPERLÄNGE: 8 bis 12 mm

MARKANTE MERKMALE: gelb-schwarz-weiß gestreifter Hinterleib, typischer Fliegenkopf mit großen Augen, kurze Fühler

ZEITLICHES AUFTRETEN: Februar bis November

ÜBERWINTERUNG: als erwachsene Insekten unterm Laub, in Rindenritzen und an ähnlich geschützten Plätzen

NAHRUNG: Pollen, Nektar, für die Larven Blattläuse

NOTWENDIGE GARTENSTRUKTUREN: vielfältiges Angebot an nektar- und pollenreichen Pflanzen vom zeitigen Frühjahr bis zum späten Herbst, Laubbäume, reichlich Blattläuse, frostsichere Überwinterungsplätze zwischen Falllaub, dichten Pflanzen, Rinde von Bäumen etc.

Hainschwebfliege

SCHWEBFLIEGEN SIND HARMLOS: SIE HABEN KEINEN STACHEL, MIT DEM SIE SICH WEHREN KÖNNEN.

SEHR GEWANDTE FLIEGER

Trotz ihrer gelb-schwarzen Färbung kann man mit einem Blick erkennen, dass es sich bei der Hainschwebfliege um eine Fliege und keine Wespe handelt: Sie besitzt zwei große Vorderflügel. Das hintere Flügelpaar ist wie bei allen Fliegen und Mücken (Zweiflügler, Diptera) zu kleinen Schwingkölbchen umgewandelt – dadurch können sie schnell und wendig fliegen, Schwebfliegen sogar in der Luft stehen bleiben. Weitere Fliegenkennzeichen sind die großen Augen, die beim Männchen sogar an der Stirn zusammenstoßen, sowie die sehr kurzen Fühler. Die auffällige Wespenfärbung (Mimikry) dient dem Schutz vor Vögeln und anderen Fressfeinden, die in der Schwebfliege ein wehrhaftes Insekt wahrnehmen sollen. Interessanterweise lassen sich Wespen nicht davon täuschen: Bei der Jagd nach Insektenkost für die Larven erbeuten sie ohne zu zögern auch gelb-schwarze Schwebfliegen.

WICHTIGER BESTÄUBER

Bei der Hainschwebfliege überwintern die im Herbst begatteten Weibchen an frostgeschützten Plätzen. Darum erscheinen

Frühblühende Winterlinge und Krokusse

KORNELKIRSCHE

Cornus mas

- 2–5 m hoher Strauch, bis zu 8 m hoher Baum
- blüht von Februar bis April
- sonniger bis halbschattiger, möglichst warmer Standort
- robust, anspruchslos, frosthart
- einer der ersten blühenden Sträucher im Garten, ökologisch so viel wertvoller als eine Forsythie, lockerer Wuchs, ab August olivengroße kirschrote, essbare Früchte

DIE FRÜCHTE DER KORNELKIRSCHE ENTHALTEN VIEL VITAMIN C

sie auch schon an warmen Wintertagen, was ihnen den Zweitnamen Winterschwebfliege eingebracht hat. Auf der Suche nach Pollen- und Nektarnahrung besuchen sie verschiedene Frühblüher wie Weiden und Kornelkirsche, Huflattich, Krokus und Winterling. Später finden sich diese wichtigen Blütenbestäuber auf den Blüten von Apfel- und anderen Obstbäumen, Wildsträuchern wie Pfaffenhütchen, Rotem und Schwarzem Holunder, Traubenkirsche *(Prunus padus)*, Rotem Hartriegel, Liguster, Berberitze, Wald-Geißblatt und vielen anderen. Auch Pastinake, Petersilie und andere Doldenblütler sowie Korbblütler wie etwa Löwenzahn, die den Nektar offen anbieten, werden von Schwebfliegen bestäubt.

BLATTLAUSJÄGER

Das Weibchen der Hainschwebfliege legt seine Eier gezielt neben Blattlauskolonien ab. Die zunächst winzigen, weißlich durchscheinenden Larven ernähren sich nur von Blattläusen. Tatsächlich gehören sie zu den gefräßigsten Blattlausvertilgern, die täglich bis zu 100 Läuse aussaugen. Haben sie ihre endgültige Larvengröße erreicht, verpuppen sie sich zu tropfenförmigen Puppen, in deren Innern sie sich zu fertigen Schwebfliegen entwickeln.

WANDERVERHALTEN

Im Spätsommer wandern etliche der Hainschwebfliegen über die Alpen in den Mittelmeerraum. Dort entwickelt sich die nächste Generation an Schwebfliegen, die im folgenden Frühjahr über die Alpen zu uns zurückfliegt.

Noch mehr Insekten

Auf dieser Seite finden Sie noch mehr Insekten und worauf diese fliegen. Allerdings sind darunter weder Bienen und Wespen, die zu den Hautflüglern gehören, noch Schmetterlinge. Diese beiden großen Insektengruppen erhalten jeweils ein eigenes Unterkapitel: Bienen und Wespen ab Seite 68, Schmetterlinge ab Seite 92.

Libellen

Die Blaugrüne Mosaikjungfer ist eine der Ersten, die sich am Teich sehen lässt. Damit sich ihre Larven entwickeln können, sollte dieser frei von Goldfischen bleiben. An Schwanenblume oder Binsen verlassen sie das Wasser.

Heuschrecken

Heuschrecken (Foto Jungtier) sind u. a. wichtige Nahrungstiere für Vögel. Viele von ihnen ernähren sich von Wildgräsern und -kräutern in einer Blumenwiese. Gemäht wird nur einmal im Jahr. Das Grüne Heupferd ernährt sich selbst von Insekten.

Kamelhalsfliege

Auf schattigen Blättern von Sträuchern und Laubbäumen sowie Totholz erbeutet sie Blattläuse, Blattflöhe und andere kleine Insekten. Die Larven jagen unter der Rinde Borken- und Bockkäferlarven. Kamelhalsfliegen sind mit Florfliegen verwandt.

Florfliege

Die Florfliege besucht vor allem die Blüten von Dolden- und Korbblütlern. Dabei bestäubt sie auch die Blüten. Sie überwintert gern in dichtem Efeu. Die Larven vertilgen im Lauf ihrer bis zu dreiwöchigen Entwicklung bis zu 1 000 Blattläuse.

Ohrwurm

Ohrwürmer vertilgen Blattläuse, Spinnmilben und Mehltaupilze – sie ernähren sich auch von Blüten, Pollen, Samen und Früchten. Sie brauchen dunkle, warme Schlupfwinkel für Nacht und Winter, etwa ein mit Holzwolle gefüllter Tontopf.

Laufkäfer

Sie verzehren täglich bis zum Dreifachen ihres Körpergewichts an Schnecken, Raupen und verschiedene Insekten. Verzichten Sie auf Insektizide und legen als Jagdrevier eine Wildblumenwiese mit kleinen Holzhaufen und Steinmauern an.

Pinselkäfer

Der bis zu 13 mm lange träge Käfer bestäubt die Blüten von Rosen und vielen anderen Blüten. Seine Larven entwickeln sich in Totholz – sie tragen zu dessen Zersetzung und Rückführung in den Nährstoffkreislauf bei.

Marienkäfer

Durch das Dulden von Blattläusen fördern Sie Siebenpunkt- und andere Marienkäfer, die schnell neu aufkommende Kolonien in Schach halten. Dabei fressen die Larven (Foto) noch mehr Läuse als die erwachsenen Tiere. Überwinterung im Falllaub.

Kohlschnake

Die harmlosen Kohlschnaken können nur Wasser sowie Nektar auf den Blüten von Petersilie, Dill und anderen Doldenblütlern aufnehmen. Ihre Larven spielen im Boden eine wichtige Rolle bei der Zersetzung von modernden Pflanzenresten.

Gemeine Wespe

Bienen und Wespen

Bienen sind die Profis bei der Bestäubung von Blüten: Mit nektar- und pollenreichen Blüten und ein wenig Unordnung schaffen Sie im Garten ein Bienenparadies.

WILDBIENEN, HUMMELN, HONIGBIENE

Bienen bilden zusammen mit den Wespen und Ameisen die Gruppe der Stechimmen innerhalb der großen Insektenordnung der Hautflügler (Hymenoptera). Alle heimischen „wilden" Bienenarten fallen unter den Begriff Wildbienen – zu ihnen gehören auch die Hummeln. Hummeln sind eusozial: Sie bilden jedes Jahr einen neuen Hummelstaat. Die meisten der anderen Wildbienen hingegen leben solitär, sie bilden keinen Insektenstaat, sondern leben nur für sich allein – meist nur wenige Wochen lang. Wenn sie zwischen Februar/März und Juni/Juli aus ihren Brutzellen schlüpfen, suchen die Weibchen nach der Paarung nach geeigneten Nistplätzen – die meisten Wildbienen nisten im Erdboden, andere in steilen Lösswänden, hohlen Pflanzenstängeln oder Löchern in altem Holz. An diesen Nistplätzen baut das Weibchen mehrere Brutzellen, füllt sie mit Pollen, belegt jede Zelle mit einem Ei und verschließt sie. In der Brutzelle schlüpft die Larve aus dem Ei, frisst den gesamten Vorrat auf und verpuppt sich zur fertigen Wildbiene.

WOZU BIENEN WICHTIG SIND

Über 80 % unserer Nutzpflanzen und über 90 % der heimischen Pflanzen werden von Bienen bestäubt! Ohne Bienen gäbe es keine Äpfel, keine Kirschen, keine Himbeeren, kein Obst und keine Früchte, ohne Bienen gäbe es auch keine Blumen, keine Sonnenblumen- oder Kürbiskerne, keine Mandeln, keine Margarine.

SO FÖRDERN SIE BIENEN

Wie alle Insekten reagieren auch Bienen äußerst empfindlich auf Insektizide: Verzichten Sie unbedingt auf den Einsatz jeglicher Pflanzenschutzmittel! Achten Sie beim Kauf von Saatgut darauf, dass es nicht mit Neonikotionoiden und anderen Giften gebeizt (z. B. Bio-Saatgut) wurde: Die aus diesem Saatgut wachsenden Pflanzen, auch Wildblumen!, enthalten im Nektar und Pollen ausreichend große Mengen dieses Gifts, um Bienen zu vergiften. Schon geringste Mengen dieses Insektizids blockieren die Reizweiterleitung im Nervensystem der Insekten und machen aus der Biene ein antriebsloses Wesen, das nichts mehr mitbekommt und nur noch verenden kann.
Bienen wollen es sonnig-warm und sie brauchen neben einer großen Vielfalt an Wildblumen und Wildsträuchern natürliche Strukturen wie Trockenmauern, lockere Haufen mit Steinen und Ästen sowie offene, sandige Bodenstellen. Lassen Sie Totholz ebenso stehen wie alles Abgeblühte und Verwelkte bis über den Winter hinaus, verwandeln Sie den Rasen in eine Wildblumenwiese. Je mehr Natur in Ihren Garten einzieht und je weniger Sie darin kontrollierend Ordnung schaffen und aufräumen, umso mehr Bienen ziehen bei Ihnen ein.

Efeu-Seidenbiene

Diese Wildbiene ist eine der letzten Wildbienen im Jahreslauf: Sie fliegt, wenn der ökologisch wichtige Efeu blüht.

Efeu-Seidenbiene

SEIDENBIENEN KÖNNEN SIE GUT AN DER KURZEN, ZWEILAPPIGEN ZUNGE ERKENNEN, DIE DEUTLICH SICHTBAR IST.

STECKBRIEF

NAME: *Colletes hederae*

KÖRPERLÄNGE: 9 bis 14 mm

MARKANTE MERKMALE: deutlich breit gestreifter Hinterleib, Rücken filzig rostrot behaart

ZEITLICHES AUFTRETEN: September bis Ende Oktober

ÜBERWINTERUNG: als Ei in Brutzelle im Boden

NAHRUNG: Nektar, Pollen

NOTWENDIGE GARTENSTRUKTUREN: offene, vegetationsfreie warme Bodenstellen, auch Sandkästen

AUF EFEUBLÜTEN

Entdecken Sie im September und Oktober eine Wildbiene mit markant gestreiftem Hinterleib, die Pollen und Nektar auf Efeublüten sammelt, so handelt es sich um die Efeu-Seidenbiene. Diese auf Efeu spezialisierte Art besucht zwar auch die noch spät im Jahr blühenden Pflanzen wie Heidekraut *(Calluna)*, Gelber Zahntrost, Kanadische Goldrute und Herbstzeitlose, fliegt aber nur noch Efeu an, sobald dieser zu blühen beginnt. Dank der klimatischen Erwärmung breitet sie sich derzeit rasant aus.

ERDBEWOHNERIN

Wie die meisten solitären Wildbienen nistet auch die Efeu-Seidenbiene im Erdboden, den sie in der näheren Umgebung von Efeupflanzen findet. Meist versammeln sich mehrere Weibchen an geeigneten vegetationsfreien ebenen bis steilen Bodenstellen (sandige Böschungen, auch in Sandkästen). Jedes Weibchen gräbt nacheinander mehrere, bis zu 22 cm tiefe Löcher in den Boden, in jedem Loch befinden sich hintereinander mehrere, mit einem Pollen-Nektar-Kissen und einem Ei belegte Brutzellen. Jede Brutzelle ist mit Speichel ausgekleidet, der nach dem Trocknen seidenartig glänzt (daher der Name Seiden-

HERBSTZEITLOSE

Colchicum autumnale

- 8–30 cm hohe Knollenpflanze
- blüht von September bis Oktober
- sonniger bis halbschattiger, recht warmer Standort
- robust, anspruchslos, frosthart
- alle Pflanzenteile sehr giftig
- läutet mit ihren violetten Blüten den Vollherbst ein, nur im Frühjahr erscheinen die Blätter

Brutplatz am Boden

biene). Zuunterst liegen die Brutzellen der Weibchen, zuoberst die der Männchen – diese schlüpfen im darauffolgenden Herbst einige Tage vor den Weibchen.

WEITERE SEIDENBIENEN IM GARTEN

Von den rund 25 verschiedenen Seidenbienen Mitteleuropas leben die meisten in verschiedenen Sandgebieten wie Sand- und Kiesgruben, Sandsteinbrüchen, Sanddünen, Sandheide und Flugsandfelder. Im Siedlungsraum tauchen zwei Arten regelmäßig auf: Von Mitte März bis Mai fliegt die 13 bis 15 mm lange Frühlings-Seidenbiene *(Colletes cunicularius)*, die bevorzugt die Blüten von Sal- und Grau-Weiden besucht. Sie ist aber auch eine wichtige Bestäuberin von Apfel- und Birnenblüten. Sie nistet ebenso in selbst gegrabenen Erdgängen, gern in sandigen Bolzplätzen oder ähnlichen Orten.

Von Juni bis August besucht die nur 8 bis 9 mm lange Buckel-Seidenbiene *(Colletes daviesanus)* die Blüten von Rainfarn, auch von Schafgarbe, Färber-Kamille und anderen Korbblütlern. Die Brutzellen liegen in sonnigen sandigen bis lehmigen Steilwänden von Hohlwegen, Sandgruben- und Baggerseeuferwänden, auch in lehmverfugten Wänden.

BESTÄUBUNG BEI KÜHLEN TEMPERATUREN

Wenn die Birnen- und Apfelbäume blühen, gibt es immer wieder Jahre mit kühlen Temperaturen. Die Honigbienen verlassen den Stock jedoch erst, wenn es wärmer als 8 °C ist. Heimische Wildbienen wie Hummeln und auch die Frühlings-Seidenbiene oder Gehörnte Mauerbiene sind aber schon bei Temperaturen von 7 °C unterwegs. Um die Bestäubung von Obstbäumen zu gewährleisten, lohnt es sich also, Wildbienen zu fördern! Dazu können Sie beispielsweise gezielt mehrere kleine Wildbienennisthilfen aus Baumbusstäben am Baumstamm anbringen.

Flaum-Sandbiene

Unter den über 110 in Mitteleuropa heimischen Sandbienenarten gehört die Flaum-Sandbiene zu den häufigen Wildbienen im Garten und in Parks.

Flaum-Sandbiene

Mauerritze bieten Nistplätze

STECKBRIEF

NAME: *Andrena nitida*

KÖRPERLÄNGE: 11 bis 16 mm

MARKANTE MERKMALE: hummelähnlich, Rücken rot-braun behaart, Bauch weiß behaart, lange Haare an den Hinterbeinen

ZEITLICHES AUFTRETEN: Mitte April bis Anfang Juni

ÜBERWINTERUNG: als fertig entwickelte Biene in der Brutzelle im Boden

NAHRUNG: Nektar, Pollen

NOTWENDIGE GARTENSTRUKTUREN: warme, offene Stellen von lockerem sandigem bis lehmigem Boden, auch unversiegelte Sandfugen zwischen Bodenplatten, Blumenwiese mit vielen verschiedenen Wildblumen, zur Flugzeit blühende pollenreiche Wildsträucher und Laubbäume

WIE EINE KLEINE HUMMEL

Von April bis Juni fliegen die Flaum-Sandbienen. Sie bilden keinen Staat wie die Hummeln, sondern leben solitär, also einzeln. Die Weibchen besitzen lange, schwarz-weiße Haare an den Schenkeln der Hinterbeine – das ist die Schienenbürste, mit denen sie gezielt den Pollen sammeln und transportieren. Die kleineren Männchen sieht man nur selten: Sie besuchen keine Blüten, sondern umschwärmen Gebüsche und kleinere Bäume. Nach der Paarung sterben sie ab.

RECHT ANSPRUCHSLOS

Da die Flaum-Sandbiene wenig spezielle Ansprüche an ihren Lebensraum stellt, kommt sie auch im Siedlungsbereich häu-

GEWÖHNLICHES SONNENRÖSCHEN

Helianthemum nummularium

- bis zu 30 cm hoher Halbstrauch
- blüht von Mai bis September
- sonniger, warmer Standort
- pflegeleicht, winterhart, keine Staunässe
- hübsche immergrüne Pflanze, auch als Bodendecker geeignet, Wildart blüht gelb, Zuchtsorten auch in Weiß oder Rosa

VERZICHTEN SIE STRIKT AUF DEN EINSATZ VON INSEKTIZIDEN UND NUTZEN SIE BIENENFREUNDLICHE PFLANZEN.

fig vor. Zum Sammeln von Nektar und Pollen besucht sie die Blüten sehr vieler verschiedener Pflanzen. Dazu gehören Gewöhnliches Sonnenröschen, weiterhin heimische Wildsträucher wie Feld-Ahorn, Sal-Weide, Schlehe, Roter Hartriegel, Stechpalme und Schwarze Johannisbeere, Obstbäume wie Süßkirsche, Zwetschge und Birne, sogar größere Bäume wie Ross-Kastanie und Spitz-Ahorn. Weitere Pollenquellen sind Wiesen-Kerbel, Löwenzahn, Raps, Acker-Senf, Wiesen-Schaumkraut, Sternmiere, Taubnessel, Ehrenpreis, Scharfer Hahnenfuß, Thymian und Scharbockskraut.

ERDBEWOHNER

Die Flaum-Sandbiene nistet wie die meisten anderen Sandbienenarten in selbst gegrabenen Hohlräumen in der lockeren Erde. An günstigen Stellen wie offenen, warmen Bodenstellen mit schütterer Pflanzendecke können die Eingänge dieser Hohlräume so dicht beisammenliegen, dass man meint, es sei eine Kolonie. Der unterirdische Nistplatz besteht aus einem Hauptgang, von dem bis zu zehn kurze Seitengänge abzweigen. Am Ende jedes Seitengangs liegt eine Brutzelle mit einer Kugel aus Pollen, auf die das Weibchen ein Ei legt. Hat die Sandbiene alle Brutzellen angelegt, verschließt sie den Hauptgang kraterförmig mit Sand oder Erde. In jeder Brutzelle ernährt sich die aus dem Ei schlüpfende Larve vom Pollenvorrat und entwickelt sich über mehrere Larvenstadien und der Puppe zur erwachsenen Flaum-Sandbiene, die den Winter über in der Brutzelle bleibt. Mitte April verlassen die Flaum-Sandbienen das Erdreich, um sich zu paaren.

WEITERE SANDBIENEN IM GARTEN

Von Ende März bis Mitte Mai fliegt die Rotpelzige Sandbiene *(Andrena fulva)*, von Anfang April bis Anfang Juni die Rotfransige Sandbiene *(Andrena haemorrhoa)* und von April bis Mai sowie von Juli bis August fliegt in zwei Generationen die Zweifarbige Sandbiene *(Andrena bicolor)*. Dank der speziellen Schienenbürsten sind Sandbienen effektive Bestäuber von Obstbäumen, Beerensträuchern (Himbeeren, Johannisbeeren, Brombeeren, Stachelbeeren) und Erdbeeren – sie haben eine große wirtschaftliche Bedeutung.

Gehörnte Mauerbiene

Ab März fliegt die Gehörnte Mauerbiene, die gern Nisthilfen aus Bambusröhren und Löcher in hartem Holz annimmt.

FRÜH IM JAHR
Schon an den ersten sonnigen Märztagen verlassen die Gehörnten Mauerbienen ihre Brutzellen. Zunächst schlüpfen die Männchen und umschwirren die Niströhren. Sobald ein paar Tage später die größeren Weibchen erscheinen, paaren sie sich. Danach sammeln die Weibchen mehrere Wochen lang Pollen und Nektar, um bis zu 20 Hohlräume mit Brutzellen zu füllen.

BESUCHT VIELE BLÜTEN
Die Gehörnte Mauerbiene gehört zu den wenig spezialisierten Wildbienen, die alle pollen- und nektarreichen Blüten der Frühblüher besucht. Neben Traubenhyazinthen, Blaustern und Tulpen sind dies Löwenzahn, Rot- und Weiß-Klee, Lerchensporn, Schlüsselblumen, Hahnenfußarten und blühende Rapsfelder sowie heimische Gehölze wie Stechpalme,

Gehörnte Mauerbienen gerade geschlüpft

STECKBRIEF

NAME: *Osmia cornuta*

KÖRPERLÄNGE: 10 bis 15 mm

MARKANTE MERKMALE: dicht behaart, vorne schwarz, fuchsroter Hinterleib; Männchen mit auffällig weiß behaartem Gesicht

ZEITLICHES AUFTRETEN: März bis Juni

ÜBERWINTERUNG: als fertig entwickeltes Insekt in Brutzelle

NAHRUNG: Nektar, Pollen

NOTWENDIGE GARTENSTRUKTUREN: nektar- und pollenreiche Frühblüher und Obstbäume, Hohlräume zum Nisten, offene Stelle mit lehmigem Boden

Blaue Trauben-Hyazinthen, weiße Narzissen und rosa Tulpen

RAUBEN-YAZINTHE

luscari-Arten

- bis zu 25 cm hohe Zwiebelblume
- blüht von März bis Mai
- sonniger, warmer Standort
- robust, anspruchslos, frosthart, keine Staunässe
- nach der Blüte verwelken die Blätter, diese nicht entfernen und unbedingt einziehen lassen

Blaustern

Gehörnte Mauerbiene Weibchen

IM SIEDLUNGSBEREICH FLIEGEN GLEICHZEITIG DIE ÄHNLICHE, ABER KLEINERE ZWEIFARBIGE MAUERBIENE *(OSMIA BICOLOR)* UND DIE ROTE MAUERBIENE *(OSMIA BICORNIS)*.

Schlehe, Weißdorn, Weiden, Ahorne (auch Feld-Ahorn) und Eichen. Dank der frühen Flugzeit auch bei niedrigeren Außentemperaturen bestäuben Gehörnte Mauerbienen ebenso Obstbäume wie Aprikose, Sauerkirsche, Kirschpflaume, Birne und Apfel. Wie alle Bauchsammlerbienen bürstet das Weibchen den Pollen mit der Bauchbürste – das sind mehrere Reihen von langen Haaren auf der Unterseite des Hinterleibs – von den Blüten. Mit den Mundwerkzeugen sammelt es Nektar und auch lehmhaltige Erde.

NISTET IN HOHLRÄUMEN

Natürliche Nistplätze der Gehörnten Mauerbiene sind vorhandene Hohlräume, etwa Fraßgänge von Käfern oder Blauschwarzer Holzbiene (siehe Seite 82) in totem, aber nicht morschem Holz. Ebenfalls geeignet sind hohle Pflanzenstängel von Brombeere oder Holunder sowie leere Bambusröhren oder Bohrlöcher in hartem Holz. In jedem Hohlraum legt das Weibchen hintereinander mehrere Brutzellen an. Jede Brutzelle hat eine Vorder- und Rückwand aus lehmhaltiger Erde, sie ist etwa zu einem Drittel gefüllt mit einer Kugel aus Pollen und Nektar und einem Ei. Ist der Hohlraum mit Brutzellen gefüllt, verschließt das Weibchen ihn mit lehmhaltiger Erde. Etwa zehn Tage nach der Eiablage schlüpft die Larve aus dem Ei, frisst innerhalb von drei bis fünf Wochen den Nahrungsvorrat auf, verpuppt sich und schließt ihre Entwicklung zur fertigen Mauerbiene ab. Sie ruht aber bis zum Schlüpfen im darauffolgenden Frühjahr in ihrer Brutzelle.

Gemeine Löcherbiene

Diese kleine Wildbiene, mit der rostroten Bauchbürste auf der Unterseite des Hinterleibs, besucht nur die Blüten von Korbblütlern.

Gemeine Löcherbiene

STECKBRIEF

NAME: *Heriades truncorum*

KÖRPERLÄNGE: 6 bis 7 mm

MARKANTE MERKMALE: klein, schwarz, wenig behaart, nur rostrote Haare auf Unterseite des Hinterleibs (Bauchbürste), spitz zulaufender Kopf

ZEITLICHES AUFTRETEN: Juni bis September

ÜBERWINTERUNG: als Larve in der Brutzelle

NAHRUNG: Nektar, Pollen

NOTWENDIGE GARTENSTRUKTUREN: viele verschiedene Korbblütler wie Schafgarbe sowie Brombeeren mit hohlen Stängeln oder kleine Fraßlöcher in totem Holz (etwa in Zaunpfosten), harzender Nadel- oder Laubbaum, kleine Steinchen

SOMMER-WILDBIENE

Die mit den Blattschneiderbienen (siehe Seite 78) verwandte Löcherbiene fliegt den Sommer über an sonnigen Tagen. Sie nistet in dünnen, vorhandenen Hohlräumen, wie Käferfraßgänge in abgestorbenen Stammteilen und Ästen sowie in den dürren, hohlen Stängeln von Brombeeren. In jedem Hohlraum legt sie hintereinander meist vier Brutzellen an. Die Wände zwischen den einzelnen Brutzellen bestehen aus dem mit kleinen Steinchen vermischten Harz von Bäumen, mit dem sie auch die Öffnung des Hohlraums verschließt. In jeder Brutzelle wächst eine Larve heran, die sich von dem eingetragenen Vorrat an Pollen und Nektar ernährt. Bevor eine Löcherbiene in einem Hohlraum Brutzellen anlegt, räumt sie die Reste des Vormieters wie alten Pollen, Kotkrümel und Ähnliches aus.
Die Löcherbiene etwa muss rund 34 Sammelflüge unternehmen, um Pollen und Nektar für eine einzige Brutzelle als Vor-

SCHAFGARBE

Achillea millefolium

- bis zu 40 cm hohe Staude
- blüht weiß oder rosa von Juni bis August
- sonniger Standort
- robust, anspruchslos, frosthart
- schöne Staude für Beet und Rabatte, auch für Hanglagen, Wildform ist ökologisch besonders wertvoll
- breitet sich gern aus, wird aber nicht lästig

rat zu beschaffen. Dieser Vorrat ist die Nahrung für eine einzige Löcherbienenlarve. Für die Trennwände der Brutzellen und den großen Abschlusspfropfen am Eingang sind bis zu 45 Harzsammelflüge nötig.

BESUCHT NUR KORBBLÜTLER

Die Gemeine Löcherbiene ist auf Korbblütler spezialisiert – darum können Sie sie vor allem auf Schafgarbe, Alant, Rainfarn und Weidenblättrigem Ochsenauge, auch auf Disteln, Greiskraut, Hundskamille, Geruchloser Kamille, Ringelblume, Flockenblume, Wegwarte, Ferkelkraut, Gänsedistel, Pippau, Astern und anderen sommerblühenden Korbblütlern beobachten. Dabei ist die Art und Weise, wie diese kleine Wildbiene den Pollen sammelt, bestens an die Korbblüten angepasst: Sie läuft mit wippendem Hinterleib über die Korbblüten und sammelt dabei den offen angebotenen Pollen mit der Bauchbürste ein. Schließlich sind ihre ganze Bauchseite und die Beine dicht mit Pollen bedeckt. Wenn Sie wild wachsendes „Unkraut" stehen lassen und gezielt Korbblütler pflanzen, liefern Sie dieser kleinen Wildbiene und ihrem Nachwuchs Nahrung.

LASSEN SIE ABGESTORBENE BAUMSTÄMME ODER ÄSTE ETWA VON OBSTBÄUMEN STEHEN, EBENSO DÜRRE RANKEN VON BROMBEEREN.

NISTHILFE SELBST BAUEN

Aus Bambusstäben können Sie ganz einfach perfekte Nisthilfen bauen. Die Gemeine Löcherbiene braucht einen Innendurchmesser von 3 bis 3,5 mm. Dazu sägen (!) Sie diese in etwa 15 cm lange Stücke, die Sie innen gründlich mit einer Rundbürste reinigen. Verschließen Sie ein Ende mit Bienenwachs oder Ton, die Ränder des vorderen Endes glätten Sie mit Schleifpapier. Fügen Sie etwa 15 dieser Stücke mit Kabelbinder zusammen und legen Sie sie ab März an einen warmen, sonnigen, regengeschützten Platz – auch auf dem Balkon. Belassen Sie die mit Brutzellen gefüllten Nisthilfen draußen an einem frostgeschützten Platz.

Ringelblumen kann man gut in den Nutzgarten (hier mit Kapuzinerkresse und Gartenmelde) integrieren.

Blattschneiderbiene

Diese Wildbienen zeigen ein faszinierendes Verhalten: Für ihre Brut beißen sie kreisrunde Stücke aus Blättern.

STECKBRIEF

NAME: Garten-Blattschneiderbiene *(Megachile willughbiella)*

KÖRPERLÄNGE: 12 bis 15 mm

MARKANTE MERKMALE: gelblich behaarte Brust, dunkler Hinterleib mit schmalen Haarbinden

ZEITLICHES AUFTRETEN: Ende Juni bis Ende August

ÜBERWINTERUNG: als Larve in der Brutzelle

NAHRUNG: Nektar, Pollen

NOTWENDIGE GARTENSTRUKTUREN: pollen- und nektarreiche Nahrungsblumen, blattstückliefernde Wildrosen und andere zusagende Gehölze, Totholz

Blattschneiderbiene schneidet Stücke …

BLATTSCHNEIDERBIENEN NEHMEN AUCH NISTHILFEN AUS HOLZ ODER BAMBUSROHREN MIT EINEM INNENDURCHMESSER VON ETWA 6 MM AN.

… für ihren Nestbau heraus

HÄUFIGE WILDBIENE

Von den über 20 verschiedenen Blattschneiderbienenarten Mitteleuropas tauchen etwa ein halbes Dutzend verschiedene Arten im Garten auf, darunter die recht häufige Garten-Blattschneiderbiene. Wenn Sie sie beim Sammeln von Pollen und Nektar auf Blüten beobachten, unterscheidet sie sich kaum von anderen Wildbienen. Da sie die Blüten vieler verschiedener Pflanzen wie Borretsch, Glockenblumen, Teufelskralle, Fetthenne, Hornklee, Weiß-Klee, Wundklee, Hauhechel, Platterbsen, Disteln und auch die vom Färber-Ginster besucht, ist sie fast überall häufig verbreitet.

PLATTERBSE

Lathyrus

- bis zu 1,6 m hohe, einjährige Kletterpflanze
- blüht – je nach Art – von Frühjahr bis Herbst
- sonniger bis halbschattiger Standort
- robust, anspruchslos
- attraktive Kletterpflanze für alle Rankgelegenheiten
- verschiedene Arten: Duftende Platterbse *Lathyrus odoratus* (Foto), Saat-Platterbse *Lathyrus sativus*, Frühlings-Platterbse *Lathyrus vernus*

Hunds-Rosen sind gute Blattstücklieferanten.

BLATTSTÜCK-SCHNEIDERIN

Blattschneiderbienen nisten in selbst gegrabenen Gängen in morschem Holz oder auch in der Erde, nutzen aber ebenso Fraßgänge von Käfern und Blauschwarzer Holzbiene in totem Holz sowie Fugen von Fachwerkwänden und Trockenmauern. Sie hinterlassen auf Blättern auffallende Spuren: exakt runde und ovale Löcher an den Blatträndern. Die Weibchen schneiden sie mit ihren Mundwerkzeugen aus den grünen Laubblättern von Hunds- und Wildrosen, aber auch von Hainbuchen, Robinien und Blauregen (Glyzinie), sogar von Eichen. Dann transportieren die Bienen die Blattstücke einzeln in ihre Nistgänge und kleiden damit die Wände aus. Nun füllen sie die hinterste Brutzelle mit Pollen und Nektar, belegen diesen Larvenvorrat mit einem Ei und verschließen die Brutzelle mit Blattstücken und abgenagtem Holzmulm. So legen die Weibchen nacheinander Brutzellen an und füllen innerhalb von wenigen Tagen den Gang.

QUARTIERE FÜR EINE WICHTIGE BESTÄUBERIN

Wie alle Bienen sind auch die Blattschneiderbienen wichtige Blütenbestäuber. Ihre Anwesenheit im Garten fördern Sie, indem Sie ihre Nahrungsblumen und die blattstückliefernden Gehölze pflanzen sowie Strukturen erhalten, die ihnen als Nistplatz dienen: Dazu müssen Sie ein bisschen Unordnung im Garten aushalten, alte Bäume stehen und ins Holz Gänge nagender Käfer walten lassen. An morschen Balken von Zaun, Gartenbank und Schuppen schaben diese Wildbienen Holzmulm zum Verschluss der Brutzellen ab.
Im Siedlungsgebiet nisten Blattschneiderbienen sogar in harter, durchgetrockneter Blumenerde in Blumenkästen oder Pflanzkübeln, in die sie ohne Mühe Gänge mit ihren Mundwerkzeugen beißen. Sollten Sie dort Wildbienenverkehr bemerken, lassen Sie das Gefäß, so wie es ist, bis zum nächsten Sommer stehen.

Garten-Wollbiene

Die wespenähnlich gefärbte Garten-Wollbiene gehört zu den recht häufigen Wildbienen, die Schmetterlings- und Lippenblütler besucht.

WOLL-ZIEST

Stachys byzantina

- 60–80 cm hohe Staude
- blüht Juni bis Juli
- sonniger Standort
- pflegeleicht, frosthart
- attraktiv durch die silberne Behaarung, auch als Bodendecker

STECKBRIEF

NAME: *Anthidium manicatum*

KÖRPERLÄNGE: 10 bis 18 mm

MARKANTE MERKMALE: wespenähnlich gefärbt, aber kräftiger, weißlich behaarter Körper

ZEITLICHES AUFTRETEN: Mitte Juni bis Oktober

ÜBERWINTERUNG: als Larve in Brutzelle

NAHRUNG: Nektar, Pollen

NOTWENDIGE GARTENSTRUKTUREN: nektar- und pollenreiche Schmetterlings- und Lippenblütler, Hohlräume als Nistplatz, stark behaarte Pflanzen, Blüten von Geflecktem Habichtskraut, Grüner Pippau, Bitterkraut oder Pelargonien als Drüsensekretlieferant

KEINE FURCHT, WENN EINE WOLLBIENE AUF VERSCHWITZTER HAUT LANDET. DAS IST KEIN ANGRIFF. LASSEN SIE DIE BIENE GEWÄHREN, DENN SIE NIMMT LEBENSWICHTIGE MINERALIEN AUS IHREM SCHWEISS AUF.

Garten-Wollbiene

DIE ETWAS ANDERE WILDBIENE

Die Garten-Wollbiene benötigt neben Nahrungspflanzen und Nistmöglichkeiten etliche Baumaterialien im Umkreis von wenigen Zehnermetern. Da sie jedoch nicht nur eine oder zwei ganz bestimmte Pflanzen oder Komponenten annimmt, sondern jeweils eine Vielfalt davon, gehört sie zu den Generalisten – also zu den Arten, die

Fingerhüte sind wichtige Nahrungspflanzen.

Pelargonienblüten liefern „Baustoffe“ für die Brutzellen

Strohblumen bieten diesen Bienen Pflanzenhaare.

sich wie fast alle Tiere im Siedlungsbereich leicht unterschiedlichen Begebenheiten anpassen können. Ungewöhnlich für Bienen ist auch, dass das Männchen mit einer Körperlänge von bis zu 18 mm deutlich größer ist als das Weibchen. Es besetzt ein Revier um die Pflanzen, auf denen die Weibchen Nektar und Pollen sammeln und vertreibt aggressiv jedes andere Männchen, jede andere Biene oder jedes Insekt aus diesem Revier. Dabei setzt es auch die spitzen Fortsätze an den Hinterleibsseiten ein. Nur die Garten-Wollbienenweibchen werden in diesem Revier geduldet und zur Paarung gedrängt.

SCHMETTERLINGS- UND LIPPENBLÜTLER

Die Weibchen sammeln Pollen und Nektar vor allem auf Hornklee, Kronwicke, Hauhechel und Luzerne sowie auf Lippenblütlern wie Ziest, Bergminze, Salbei, Gamander, Taubnessel, Hohlzahn, Herzgespann, Zitronenmelisse und Helmkraut. Auch Wegerichgewächse wie Fingerhut, Leinkraut oder Löwenmaul gehören zu den Nahrungspflanzen der Garten-Wollbiene.

PRAKTISCHES WERKZEUG

An den Mundwerkzeugen fallen die scharf gezähnten inneren Kanten auf. Mit ihnen kann das Weibchen Härchen von Pflanzenstängeln abzupfen und abschaben. Dann formt sie mit Hilfe der Vorderbeine kleine, feste Bällchen daraus, die sie zwischen den Mundwerkzeugen zum Nistplatz transportiert.

PFLANZENHAARE

Zum Nisten sucht die Garten-Wollbiene Hohlräume, Spalten und Löcher im Erdboden, in Fels-, Löss- und Lehmwänden, alten Balken, Pfosten und gelockertem Mauerwerk sowie an Fensterrahmen. Darin baut das Weibchen aus den abgeschabten Haaren stark behaarter Pflanzen (Woll-Ziest, Deutscher Ziest, Kranz-Lichtnelke, Strohblume, Quitte sowie die Flugsamen von Pappeln) watteähnliche Brutzellen, auf die es außen das Drüsensekret von Blüten verschiedener Korbblütler (Geflecktes Habichtskraut, Grüner Pippau, Bitterkraut) oder Pelargonien gibt. In jede Brutzelle trägt es Nektar und Pollen ein und belegt diesen Nahrungsvorrat mit einem Ei. Ist der Hohlraum mit Brutzellen gefüllt, verschließt die Garten-Wollbiene die Öffnung mit Steinchen, Erdklumpen, Holzstücken oder Pflanzenhaaren. All diese Dinge können Sie in Ihrem Garten anbieten – denn wo es eines davon nicht gibt, kann die Garten-Wollbiene nicht existieren.

Blauschwarze Holzbiene

Die wärmeliebende Blauschwarze Holzbiene mit den dunklen Flügeln ist die größte Bienenart bei uns.

BLAUREGEN, GLYZINIE

Wisteria-Arten

- über 30 m hoch kletternd
- blüht im Mai/Juni und schwächer im Juli/August
- sonniger, warmer, geschützter Standort mit sehr stabilem Klettergerüst
- robust, nicht ganz pflegeleicht, frosthart
- ganzjährig attraktive Kletterpflanze mit herrlich schönen Blüten, Hülsenfrüchten und Herbstfärbung, alle Pflanzenteile giftig
- unbedingt konsequent regelmäßig alle noch jungen Triebe überall entfernen, wo sie Schaden anrichten können

STECKBRIEF

NAME: *Xylocopa violacea*

KÖRPERLÄNGE: 20 bis 30 mm

MARKANTE MERKMALE: schwarzer, kräftiger Körper, schwarze, bläulich schimmernde Flügel

ZEITLICHES AUFTRETEN: März bis Oktober

ÜBERWINTERUNG: als erwachsenes Insekt an frostgeschützten Plätzen zum Beispiel zwischen Falllaub, dichten Pflanzen und Rindenritzen

NAHRUNG: Nektar, Pollen

NOTWENDIGE GARTENSTRUKTUREN: nektar- und pollenreiche Blüten der Nahrungspflanzen, totes Holz an sonnenbeschienenen Plätzen, dieses auch gezielt anbieten

Blauschwarze Holzbiene

HUMMELÄHNLICH

Diese große, harmlose Holzbiene sieht wie eine dunkle, wenig behaarte Hummel aus. Sie lebt aber nicht in einem Staat wie Hummeln, sondern solitär wie die meisten anderen Wildbienen. Im Mittelmeerraum ist sie aufgrund ihrer Wärmeliebe eine der häufigsten Bienenarten, doch dank der klimanotstandbedingten Erwärmung breitet sie sich auch bei uns immer mehr nord- und höhenwärts aus. Die Männchen sind an den gelblichen Fühlerenden zu erkennen.

SONNIGE BLÜTENBESUCHERIN

Weil die Blauschwarze Holzbiene als erwachsenes Insekt überwintert, erscheint sie ab März an sonnigen Tagen. Dann besucht sie gern die überreich blühenden Spaliere des Blauregens (Glyzinie, *Wisteria*). Doch auch an den Blüten von kletternden Kiwipflanzen, von blühenden Bäumen und Sträuchern wie Blauglockenbaum *(Paulownia)*, Winterjasmin, Echtem Geißblatt, Besenginster und Gelbem Blasenstrauch sowie an sonnigen Plätzen blühenden Stockrosen, Nickender Distel, Natternkopf, Acker-Winde, Luzerne, Taubnessel, Salbei, Ziest, Mohn und Löwenmaul sammelt sie Pollen und Nektar.

Abgestorbene Äste am Obstbaum sollten erhalten bleiben.

AN SONNIG-WARMEN WINTERTAGEN TAUCHEN MANCHMAL BLAUSCHWARZE HOLZBIENEN IN WINTERGÄRTEN AUF, WO SIE BLÜHENDE KÜBELPFLANZEN BESUCHEN.

KINDHEIT IM TOTHOLZ

Die Blauschwarze Holzbiene ist auf das Vorhandensein von Totholz angewiesen. Ab Ende April, nach der Paarung, sucht das Weibchen nach toten, aber nicht morschen Stellen in besonnten Stämmen und Hauptästen von Obst- und Laubbäumen, in die es mit seinen kräftigen Mundwerkzeugen Gänge hineinnagt. Dabei wählt es am liebsten das Holz von alten Apfel-, Mandel-, Aprikosen-, Pfirsich-, Kirsch- oder Birnbäumen, auch das von Echter Kastanie, Maulbeere, Pappel und Weiden (Kopfweiden). Leider wird Totholz immer noch im Garten, Park, auf Streuobstwiesen und im Wald „der Ordnung halber" viel zu oft weggeräumt – dadurch werden die Natur und ihre natürlichen Lebensabläufe in Unordnung gebracht: Kein Wunder, wenn in der Folge dann Pflanzen und Tiere verschwinden und die Biodiversität abnimmt. Die Gänge im Totholz sind bis zu 11 cm lang und werden hintereinander mit Pollen, Nektar und einem Ei belegt. Die Trennwände zwischen diesen Brutzellen bestehen aus mit Speichel vermischten Holzspänen. In den Brutzellen entwickeln sich innerhalb von rund zehn Wochen aus den Eiern über Larve und Puppe erwachsene Holzbienen der nächsten Generation. Im Juli verschwinden die Holzbienen dann für kurze Zeit von der Bildfläche, ab August schlüpft aber schon wieder die nächste Generation aus den Brutzellen. Diese fliegt bis zu den letzten wärmeren Herbsttagen, dann sucht sie sich einen Platz zum Überwintern.

Dunkle Erdhummel

Dank ihrer dichten Behaarung gehören Hummeln, wie die Dunkle Erdhummel, zu den ersten Insekten, die ab März unterwegs sind.

ROTER FINGERHUT

Digitalis purpurea

- bis zu 80 cm hohe Staude
- blüht von Juni bis Juli
- sonniger bis halbschattiger Standort
- robust, frosthart
- schöne Hochstaude für den Hintergrund im Beet oder vor Gehölzen
- alle Pflanzenteile hochgiftig

STECKBRIEF

NAME: *Bombus terrestris*

KÖRPERLÄNGE: 11 bis 28 mm

MARKANTE MERKMALE: kräftiger, dicht behaarter Körper, je eine gelbe Binde auf Brust und Hinterleib, weißes Hinterleibsende

ZEITLICHES AUFTRETEN: Mitte März bis November

ÜBERWINTERUNG: nur begattete Weibchen (Jungköniginnen) im Falllaub, zwischen dichten Pflanzen

NAHRUNG: Nektar, Pollen

NOTWENDIGE GARTENSTRUKTUREN: nektar- und pollenreiche Blumen und Wildsträucher vom zeitigen Frühjahr bis zu den ersten Frösten, wegen der Nester im Boden auf giftige Herbizide verzichten

Roter Fingerhut

FRÜH IM JAHR UNTERWEGS

Schon an den ersten sonnig-warmen Spätwinter- und Vorfrühlingstagen verlässt die bis zu 28 mm lange Jungkönigin ihr Versteck, in dem sie den Winter in Kältestarre ruhend verbracht hat. Nun besucht sie die Blüten verschiedener Frühblüher, vor allem Weidenkätzchen, aber auch Kornelkirsche und Schlehe.

NESTER MIT EINEM STAAT DER DUNKLEN ERDHUMMEL WERDEN AUCH IN GEWÄCHSHÄUSERN ANGESIEDELT, UM TOMATEN UND ANDERE GEMÜSE ZU BESTÄUBEN.

Christrosen bieten ebenfalls Nahrung in blütenarmer Zeit. Später im Frühjahr kommen die Blüten von Apfel- und Birnbäumen, Schwarzen Johannisbeeren und anderen Beerensträuchern sowie Wildrosen dazu.

HUMMELBLUMEN

Die Dunkle Erdhummel gehört zu den größten und häufigsten heimischen Hummelarten. Weil sie lediglich einen kurzen Rüssel besitzt, kann sie Nektar nur an kurzröhrigen Blüten wie denen vom Fingerhut oder solchen, die den Nektar offen anbieten, sammeln – langröhrige Blüten wie die von Taubnessel und Klee etwa werden aufgebissen. Auch die häufigen Baum-, Stein- und Wiesenhummeln sind kurzrüsselige Hummelarten.

Dunkle Erdhummel an Erdloch mit Nest

Christrose

Heidekraut

NEST UNTER DER ERDE

Hummeln bilden einjährige Staaten: Im Frühjahr sucht die überwinterte Jungkönigin nach einem geeigneten verlassenen Mäusebau, Maulwurfgang oder Hummelnistkasten im Boden für ihr Nest. Darin baut sie aus selbst produziertem Wachs kugelige Zellen für die Brut, die sie mit Pollen und Eiern belegt. In ähnlichen Zellen bewahrt sie Nektar als Vorrat auf. Im Lauf des Sommers wächst der Hummelstaat auf bis zu 600 Tiere an. Während die Königin im Nest Eier legt, sammeln die Arbeiterinnen Nektar und Pollen. Ab Juli entwickeln sich aus den Eiern Drohnen und geschlechtsreife Weibchen, die zum Hochzeitsflug starten. Danach gehen alle Hummeln des Staates inklusive der Königin zugrunde. Nur die frisch begattete Jungkönigin überlebt den Winter. Damit die Jungkönigin gut über den Winter kommt, muss sie im Herbst reichlich Nahrung zu sich nehmen. Im Garten sind herbstblühende Astern, Efeu, Hohe Fetthennen, aber auch Heidekraut *(Calluna vulgaris)* ideal, und auch Abgeblühtes bleibt als Winterquartier stehen.

Gartenhummel

Diese Art gehört zu den langrüsseligen Hummeln, die oft Blüten mit langer Blütenröhre wie Klee oder Disteln besuchen.

Gartenhummel

SCHNEEHEIDE

Erica carnea

- Bis zu 30 cm hoher Zwergstrauch
- blüht von März bis April
- halbschattiger Standort
- frosthart, vor Wind, Hitze, Trockenheit schützen
- bildet als Bodendecker rosa Blütenteppiche, z. B. am Gehölzsaum, nach der Blüte zurückschneiden, auch für Kultur in Pflanzgefäßen

STECKBRIEF

KÖRPERLÄNGE: 11 bis 26 mm

MARKANTE MERKMALE: kräftiger, dicht behaarter Körper, drei gelbe Binden – zwei auf Bruststeil und eine auf Hinterleib, weißes Hinterleibsende

ZEITLICHES AUFTRETEN: Mitte März bis November

ÜBERWINTERUNG: nur begattete Weibchen (Jungköniginnen) im Falllaub, zwischen dichten Pflanzen

NAHRUNG: Nektar, Pollen

NOTWENDIGE GARTENSTRUKTUREN: nektar- und pollenreiche Blumen und Wildsträucher mit langen Blütenröhren vom zeitigen Frühjahr bis zu den ersten Frösten, auf giftige Herbizide verzichten

EINE DER ERSTEN HUMMELN

Im zeitigen Frühjahr verlassen die bis zu 26 mm langen Jungköniginnen ihre frostsicheren Verstecke. Wenn sie dann an den ersten Frühblühern auftauchen, fallen diese riesigen Hummeln sehr auf. Von März bis in den Mai hinein suchen diese Königinnen am Boden und in Gebäuden nach einem geeigneten Hohlraum für das Nest, dabei verschwinden sie immer wieder in verlassenen Mäusebauen oder

Ein Hummelkasten wird versenkt …

… jetzt nur noch das Bodenloch des Topfes regendicht schließen.

Nistkästen oder tauchen suchend in Ställen, Scheunen, Schuppen und auf Dachböden auf.

LANGRÖHRIGE BLÜTEN

Anders als die viel häufigeren Erdhummeln, Steinhummeln, Baum- und Wiesenhummeln gehört die Gartenhummel zu den langrüsseligen Hummelarten. Weitere Hummelarten mit langem Rüssel in Siedlungen sind Acker-, Wald- und Veränderliche Hummel. Sie besuchen vorwiegend Blüten, deren Nektar sich am Grund einer tiefen Blütenröhre befindet. Dies sind verschiedene Lippen- und Schmetterlingsblütler wie Wiesen-Klee, Gelber Blasenstrauch und Ackerbohnen, aber auch Disteln, Flockenblumen, Behaarte Karde oder heimische Wildsträucher wie Geißblatt. Im Herbst werden dann für die begatteten Jungköniginnen die Blüten von Heidekräutern *(Erica)* und Besenheide *(Calluna vulgaris)* als späte Nektarlieferanten wichtig.

DIE GARTENHUMMEL KÖNNEN SIE LEICHT VON ÄHNLICH GEFÄRBTEN HUMMELN UNTERSCHEIDEN: DIE GELBEN BINDEN AUF BRUST UND HINTERLEIB BILDEN ZUSAMMEN EINEN BREITEN STREIFEN, DER DURCH DIE TAILLE EINGESCHNÜRT IST.

HUMMELKASTEN ANBIETEN

Auch die Gartenhummel lebt in einem Hummelstaat. Bis zum Sommer wächst der Staat lediglich auf bis zu 100 Arbeiterinnen an. Im Juli fliegen die Drohnen und zukünftigen Königinnen, von denen einige nach der Paarung sogar noch im selben Jahr mit dem Bau eines Nests beginnen.

Phlox wird von Hummeln besucht.

Auch Gartenhummeln nehmen bereitgestellte Hummelkästen an: Dazu versenken Sie an einer geschützten Stelle unter Sträuchern einen größeren umgekehrten, mit etwas Holzwolle gefüllten Tontopf (Durchmesser mindestens 20 cm, Höhe mindestens 17 cm) leicht im Erdreich. Dabei muss das Bodenloch, das als Einflugloch dient, mindestens 2 cm oberhalb der Erdoberfläche liegen und durch einen gewölbten Dachziegel vor Regen geschützt sein. So kann kein Regen in den Topf gelangen und die Hummeln können auch das obere Loch als Zugang nutzen.

SEHR FLEISSIG IM BESTÄUBEN!

Hummeln sind hervorragende Bestäuberinnen: Sie besuchen im Vergleich zu Honigbienen im selben Zeitraum bis zu fünfmal mehr Blüten, gleichzeitig transportieren sie während eines Sammelflugs die bis zu vierfache Menge an Pollen!

Honigbiene

Die Honigbiene ist ist eine der wenigen Insekten, die aus Nektar und Honigtau Honig produzieren. Imker nutzen dies und halten sie als Nutztier.

STECKBRIEF

KÖRPERLÄNGE: 11 bis 14 mm, Königin bis zu 20 mm

MARKANTE MERKMALE: braun, Hinterleib bräunlich gestreift, oft pollenbeladenes Körbchen („Höschen“) an den Hinterbeinen

ZEITLICHES AUFTRETEN: März bis Oktober

ÜBERWINTERUNG: als erwachsene Tiere im Bienenstock

NAHRUNG: Nektar, Pollen, selbst produzierter Honig

NOTWENDIGE GARTENSTRUKTUREN: durchgehendes Angebot an nektar- und pollenreichen Blüten vom Frühjahr bis weit in den Herbst hinein, strikter und konsequenter Verzicht von jeglichen Nervengiften wie Neonikotinoiden und anderen Insektiziden sowie Herbiziden (wie Glyphosat, Roundup)

BIENENFREUND

Phacelia tanacetifolia

- 20–120 cm hohe einjährige Pflanze
- blüht von Juni bis Oktober
- sonniger Standort
- anspruchslos
- wird oft auch Bienenfreund genannt, stirbt zum Winter hin ab
- im Frühjahr zwischen Stauden auf Beeten und Rabatte aussäen, auch als Gründüngung

Honigbiene an Krokus

LEBEN IM STAAT

Wenn von Bienen die Rede ist, denkt man sofort an die Honigbiene – obwohl es bei uns über 330 verschiedene Wildbienen gibt. Wie Hummeln und Wespen leben auch die Honigbienen als soziale Insekten in einem Staat. Im Gegensatz zu den einjährigen Staaten der Hummeln und Wespen besteht der perfekt organisierte Honigbienenstaat aus bis zu 50 000 Arbeiterinnen über viele Jahre. Um den Winter zu überleben, müssen Honigbienen Vorräte anlegen, dazu produzieren sie aus dem gesammelten Nektar dauerhaft lagerbaren Honig.

BIENENBLUMEN

Die Honigbiene besucht sehr viele verschiedene blaue, gelbe, weiße und rote Blüten. Da Honigbienen gute Nahrungsquellen mit reichlich Nektar und Pollen im Stock durch eine einzigartige Tanzsprache vermitteln, fliegen sie zum Sammeln bevorzugt Standorte wie Rapsfelder oder blühende Obstbaumwiesen an. Bei Rundtanz oder Schwänzeltanz (bei Entfernungen über 100 m) teilt eine Honigbiene ihren Stockgenossinnen genau dessen Lage mit und verteilt Kostproben des Nektars. Dann schwärmen sehr viele Honigbienen zielgerichtet zu der angezeigten Nahrungsquelle aus. Einzelne blühende Sträucher oder Blumen werden dabei oft links liegen gelassen – dort sammeln dann verschiedene Wildbienen. Im Sommer wird das Blütenangebot in unserer Landschaft oft rar, weil die Wiesen abgemäht werden und in Gärten vielfach hochgezüchtete schöne, aber sterile Pflanzen blühen. Mit einer großen Vielfalt an nektar- und pollenreichen heimischen Wildpflanzen, einer Bienenblumenwiese oder auch mit nordamerikanischen Präriepflanzen füllen Sie diese Nahrungslücke.

NAHRUNG VON FRÜHJAHR BIS HERBST

Wenn Sie diese Bienenblumen in Ihrem Garten pflanzen, finden Honigbienen von Frühjahr bis weit in den Herbst hinein Nahrung: Winterling und Christrose, Krokus, Löwenzahn, Klee, Bienenfreund *(Phacelia)*, Sonnenhut *(Rudbeckia)*, Mauerpfeffer, Kugeldistel *(Echinops)*, Fackellilie, Duftnessel *(Agastache)*, Blutweiderich, Borretsch, Thymian, Ysop, Herbst-Sonnenbraut, Strahlenaster *(Callistephus)* sowie Glattblatt- und Raublattastern.

WABEN AUS WACHS

In jedem Bienenstaat gibt es nur eine Königin, die täglich bis zu 1 500 Eier legt. Aus selbst produziertem Wachs bauen die Arbeiterinnen die sechskantigen Waben für die Brut und den Honig. Eine Arbeiterin lebt ungefähr fünf Wochen lang und übt nacheinander verschiedene Tätigkeiten von der Putzbiene über Brutamme und Baubiene bis hin zur Wächterin und Sammlerin im Staat aus.

Duftnessel und Sonnenbraut

Bienenparadies mit Borretsch, Ringelblume, *Phacelia*

Honigbienen im Stock auf Honigwaben

Wespen

Weil zwei von fast 11 000 heimischen Wespenarten beim Essen lästig werden können, hat diese gesamte Insektengruppe einen schlechten Ruf – zu Unrecht.

STECKBRIEF

NAME: Deutsche Wespe/Gemeine Wespe

KÖRPERLÄNGE: 11 bis 24 mm, Königin bis 19 mm

MARKANTE MERKMALE: schwarz-gelber Körper mit Wespentaille, lange schwarze Fühler, lange, sehr schmale Flügel, Deutsche Wespe mit drei schwarzen Punkten im Gesicht, Gemeine Wespe mit schwarzem Strich im Gesicht

ZEITLICHES AUFTRETEN: April bis Oktober

ÜBERWINTERUNG: nur begattete Jungköniginnen an frostgeschützten Plätzen am Erdboden, im Falllaub, zwischen dichten Pflanzen, in Ritzen und Fugen

NAHRUNG: reife Früchte (Äpfel, Zwetschgen etc.), Honigtau, Nektar und anderes Süßes, Pollen, Larven werden mit erbeuteten Insekten und deren Larven gefüttert

NOTWENDIGE GARTENSTRUKTUREN: Obstbäume, Weinreben und Blüten mit offen angebotenem Nektar (zum Beispiel Doldenblütler), ausreichend groß dimensionierte Hohlräume im Boden oder Gartenstrukturen/Nistkästen, morsches, totes Holz von abgestorbenen Stämmen, Holzpfosten, -bänke und -fassade, Falllaubschichten und dichte Pflanzendecke zum Überwintern (Verblühtes und Verwelktes stehen lassen)

WESPEN GEHÖREN ZU DEN NÜTZLINGEN! SIE BESTÄUBEN NICHT NUR BLÜTEN, SONDERN SIND VOR ALLEM WICHTIGE GEGENSPIELER ZU INSEKTEN UND DEREN LARVEN.

Nest von schützenswerten! Langkopfwespen

GELB-SCHWARZE WARNTRACHT

Wenn wir von Wespen reden, meinen wir damit meist die fast gleich aussehenden Arten Gemeine und Deutsche Wespe. Tatsächlich sind sie die einzigen Wespenarten, die von süßen und proteinhaltigen Lebensmitteln (z. B. Schinken) angelockt werden. Süßes verzehren sie selbst als

VOLLIGER CHNEEBALL

Viburnum lantana

- 2–5 m hoher Strauch
- blüht von Mai bis Juni
- sonniger bis halbschattiger Standort
- robust, frosthart
- sehr dekorativ, kompakt wachsender Strauch mit weißen, intensiv duftenden Blütenschirmen und ab August giftigen Früchten

Energielieferant, während die Larven mit erbeuteten Kleintieren sowie den Schinkenstückchen gefüttert werden. Diese beiden Arten von Faltenwespen sind sozial: Sie leben in einem einjährigen Wespenstaat, der in jedem Frühjahr von einer Jungkönigin neu an einem verborgenen Platz (verlassener Mäusebau, dichte Hecke, Kompost, Rollladenkasten etc.) gegründet wird. Für das Nest vermischen die Wespen feine Späne von altem Totholz mit Speichel und formen aus der feuchten Papiermasse die dünnen Wände der Brutwaben und Hülle. Bis zum Herbst umfasst der Wespenstaat neben der Königin bis zu 10 000 Arbeiterinnen. Bei lang anhaltenden, tiefen Frösten jedoch sterben alle Wespen eines Staats ab. Die Jungköniginnen (mehrere Hundert, je nach Volksgröße) überleben den Winter an einem Platz am Boden, zwischen Falllaub oder dichter Pflanzendecke.

KOHLENHYDRATE ALS FLUGBENZIN

Die erwachsenen Wespen – Königin und Arbeiterinnen – verzehren vor allem kohlenhydratreiche Nahrung: In den Schirmblüten von Wolligem Schneeball, Wildrosen und vielen anderen heimischen Wildsträuchern sowie Dolden- und Korbblütlern bedienen sie sich an dem offen angebotenen Nektar und Pollen, im Sommer bis in den Herbst hinein ernähren sich die Wespen gern von verschiedenen Früchten wie Äpfeln, Weintrauben, Zwetschgen oder Mispeln, in die sie tiefe Löcher hineinbeißen, im Herbst sind die Blüten des Efeus wichtige Kost für die begatteten Jungköniginnen.

NOCH MEHR WESPEN

Neben der Gemeinen und Deutschen Wespe gibt es bei uns noch etwa 100 weitere Arten von Faltenwespen: Dazu gehört die Hornisse, die als größte heimische Art

Gut für Wespen: Weintrauben

ihre Papiernester ebenfalls an verborgenen Stellen baut. Sie ist – trotz ihrer Größe – nicht angriffslustig. Auch die zierliche Sächsische Wespe, Waldwespe und Französische Feldwespe siedeln gern in Gärten. Obwohl sie sich niemals von menschlichen Speisen und Getränken anlocken lassen, werden ihre an offenen Stellen gebauten Nester oft vernichtet. Da sie nicht lästig werden, sollten Sie diese Wespennester dulden. Ohnehin sind allgemein alle wildlebenden Tiere bei uns geschützt. Weiterhin leben bei uns rund 750 verschiedene Arten von Pflanzenwespen (das sind Blatt-, Holz- und Halmwespen) sowie rund 10 000 verschiedene Arten von Taillenwespen, zu denen auch die Faltenwespen gehören. In dieser großen Wespengruppe finden sich auch die Erz-, Schlupf-, Zehr- und Grabwespen, von denen die allermeisten solitär leben und nicht in einem Wespenstaat.

Schwalbenschwanz

Schmetterlinge

Schmetterlinge erfreuen unser Herz, wenn sie von Blüte zu Blüte flattern. Mit den passenden Pflanzen für die Raupen und zurückhaltender Pflege locken Sie sie in Ihren Garten.

TAGFALTER UND NACHTFALTER

Von den fast 4 000 heimischen Schmetterlingsarten gehören keine 200 zu den Tagfaltern, alle übrigen werden den Nachtfaltern zugeordnet. Sämtliche Tagfalter sind miteinander verwandt, während sich die Nachtfalter aus einer Vielzahl an Verwandtschaftsgruppen wie etwa Widderchen, Schwärmer usw. zusammensetzen. Alle Schmetterlinge durchlaufen eine Entwicklung, die vollständige Metamorphose genannt wird. Dabei schlüpft aus dem Ei eine Raupe, die nach mehreren Häutungen ihre endgültige Größe erreicht hat und dann ein Ruhestadium einlegt, die Puppe. In der Puppenhülle wird der komplette Raupenkörper aufgelöst und zum Körper des erwachsenen, geschlechtsreifen Schmetterlings umgebaut. Die Raupe stellt die Wachstumsphase im Leben eines Schmetterlings dar und muss daher ständig fressen, der fertige Schmetterling, der nicht mehr wächst, die Fortpflanzungsphase: Er hat die Aufgabe, sich zu paaren und Eier abzulegen.

SCHMETTERLINGE SIND WICHTIG

Da sich viele Schmetterlinge von Blütennektar ernähren, gehören sie zu den wichtigen Bestäubern von Blüten. Ökologisch bedeutsam sind die Raupen: Sie sind bei uns die wichtigsten Nahrungstiere für Vögel und deren Küken! Allein schon deshalb nimmt es der Vogel- und Naturfreund gelassen hin, wenn Raupen an Blättern fressen. Ja, ihm fällt es gar negativ ins Auge, wenn die Blätter seiner Gartenpflanzen makellos sind.

SO FÖRDERN SIE SCHMETTERLINGE

Erstens: Raupen fressen nicht wahllos jedes Blatt und Kraut, sondern je nach Art nur eine oder ein paar ganz bestimmte Pflanzen. Wo die artentsprechenden Raupenfutterpflanzen nicht wachsen, kann es die jeweilige Schmetterlingsart nicht geben: Ohne Brennnesseln keine Tagpfauenauge, ohne Hornklee oder Hauhechel kein Gemeiner Bläuling. So einfach ist das. Da die Raupen der heimischen Schmetterlingsarten auf heimische Futterpflanzen stehen, wachsen im schmetterlingsfreundlichen Garten eben viele heimische Wildpflanzen.

Zweitens: Die längste Zeit seines Lebens ist ein Schmetterling Raupe oder Puppe. In diesen Formen überdauern die meisten Schmetterlingsarten auch den Winter. Folglich müssen die Pflegearbeiten im Garten wie Mähen oder Abräumen harmonisch zu den Bedürfnissen der Raupen und Puppen verlaufen: Wer alle Pflanzen im November ratzeputz beseitigt, vernichtet damit auch die dazwischen ruhenden Raupen und Puppen.

Drittens: Die meisten Schmetterlinge ernähren sich von Nektar und bevorzugen violette Blüten. Dabei unterscheiden die Falter nicht zwischen heimischen und exotischen Nektarpflanzen – deshalb ist dies der einzige ökologische Pluspunkt von Präriepflanzen wie Indianernessel oder Sonnenhut. Daneben bieten Sie eine flache Wasserstelle an, etwa indem Sie eine lehmige Bodenstelle feucht halten.

Viertens: Sie brauchen es nachts dunkel.

Schwalbenschwanz

Weil die Futterpflanzen dieses großen heimischen Tagfalters auch im Garten vorkommen, gibt es gute Chancen, ihn zu sehen.

STECKBRIEF

KÖRPERLÄNGE: bis zu 40 mm, Flügelspannweite bis zu 75 mm

MARKANTE MERKMALE: sehr groß, schwarz-gelb mit langen Zipfeln und roten Augenflecken an den Hinterflügeln

ZEITLICHES AUFTRETEN: April bis September

ÜBERWINTERUNG: als Puppe an Raupenfutterpflanze

NAHRUNG: Nektar, Raupen fressen verschiedene Doldenblütler wie Möhre, Fenchel, Dill, Petersilie und viele andere, Weinraute

NOTWENDIGE GARTENSTRUKTUREN: nektarreiche Blüten vom Frühjahr bis zum Herbst, Futterpflanzen für die Raupen, die über den Winter stehen bleiben müssen, sonnig-warme Ruheplätze, flaches Wasser

Wildes Beet mit Wilder Möhre und Phlox

Schwalbenschwanz

WILDE MÖHRE

Daucus carota

- 20–120 cm hohe zweijährige Pflanze
- blüht von Mai bis Juli
- sonniger bis halbschattiger Standort
- robust, frosthart
- dekoratives Wildkraut mit weißen, flachen Blütenschirmen im zweiten Jahr, aus denen sich nestförmig eingedrehte Fruchtstände entwickeln
- Wildform der Kulturkarotte

IM GARTEN SAUGT DER SCHWALBEN-SCHWANZ GERN AN PHLOX UND SCHMETTERLINGSSTRAUCH *(BUDDLEJA)*.

Junge Raupe erinnert an Vogelschiss

Ältere Raupe

Puppe vom Schwalbenschwanz

STÄNDIG AUF WANDERSCHAFT

Der große, schöne Schwalbenschwanz ist ein Vagabund: Weit zieht er auf der Suche nach sonnigen, blütenreichen Wegrändern, Wiesen und brachliegenden Flächen durch die offene Landschaft. Dabei besucht er auch Gärten und fällt durch seinen schnellen Flug auf. Magisch ziehen ihn auch markante Hügel, Bergkuppen oder Burgruinen an. Dort finden sich dann viele Männchen und Weibchen ein und führen ihre Balzflüge auf. Bei diesem besonderen Verhalten, dem sogenannten „hilltopping", finden sich die Paare.

DOLDENBLÜTLER FÜR DIE RAUPEN

In Gärten findet der Schwalbenschwanz auch die Futterpflanzen für seine Raupen: Dies sind verschiedene Doldenblütler wie Wilde oder Garten-Möhre, Fenchel, Dill, Petersilie, Pastinake und auch Weinraute, bevorzugt an sonnig-warmen Plätzen. Das Weibchen legt an jede Pflanze jeweils ein Ei. Von Mai bis Juli frisst die bis zu 4,5 cm lange dicke Raupe an den Blättern – dulden Sie sie unbedingt! Der Schaden ist absolut verkraftbar! Die Raupe zeigt ein typisches Verhalten: Fühlt sie sich bedroht, so stülpt sie eine orange, unangenehm riechende Nackengabel aus.

WENIGER ORDNUNG IM GARTEN

Obwohl die Futterpflanzen der Raupen häufig sind und fast überall wachsen, ist der Schwalbenschwanz selten geworden. Der Grund dafür liegt vermutlich in der überzogenen Ordnungsliebe heutiger Menschen: Als großer Schmetterling braucht die Raupe etliche Wochen, bis sie ihre endgültige Größe erreicht hat – diese Zeit bekommt sie nicht, denn durch ständiges Mähen werden die Raupen und Puppen vernichtet und mit ihnen die nächste Generation an Faltern.

PUPPE ÜBERWINTERT

Wenn die Raupe ihre endgültige Größe erreicht hat, befestigt sie sich mit einem Gürtelfaden an einen Stängel ihrer Futterpflanze, manchmal auch an einen Stein. Dann verpuppt sie sich. Ist die Puppe grün, so schlüpft noch im selben Jahr der fertige Schmetterling. Ist die Puppe graubraun, überwintert sie und der fertige Falter schlüpft erst im darauffolgenden April. Darum müssen Sie unbedingt im Herbst Verwelktes und Abgeblühtes über den Winter stehen lassen, denn mit dem Abräumen beseitigen Sie auch diese wenig auffälligen Puppen. So kann der Schwalbenschwanz bei uns in zwei oder drei Generationen pro Jahr fliegen.

Kohlweißlinge

Vor allem in Bauerngärten, in denen Gemüsekohl angebaut wird, kommen der Kleine Kohlweißling und der Große Kohlweißling häufig vor.

Großer Kohlweißling

STECKBRIEF

NAME: Großer Kohlweißling

KÖRPERLÄNGE: etwa 30 mm, Flügelspannweite 50 bis 65 mm

MARKANTE MERKMALE: gelblich weiß, schwarzer Fleck auf Vorderflügel; Weibchen mit zwei schwarzen Punkten

ZEITLICHES AUFTRETEN: Mitte April bis Oktober

ÜBERWINTERUNG: als Puppe 1 bis 3 m oberhalb des Erdbodens

NAHRUNG: Nektar, Raupen fressen Gemüsekohl, Raps, Hederich, Kapuzinerkresse

NOTWENDIGE GARTENSTRUKTUREN: nektarreiche Blüten vom Frühjahr bis zum Herbst, Futterpflanzen für die Raupen, sonnig-warme Ruheplätze, geschützte Wand als Überwinterungsort

Kleiner Kohlweißling

GROSSER KOHLWEISSLING

In manchen Jahren ist der Große Kohlweißling sehr häufig, in anderen tritt er nur selten auf. Ab April erscheint dieser Schmetterling: Dann hat die Puppe, die den Winter eingesponnen an eine Mauer oder unter einem Dauervorsprung geruht hat, ihre Entwicklung zum fertigen Falter vollzogen. Nach der Paarung legen die Weibchen ihre gelben Eier in kleinen Gruppen auf die Unterseite der Futterpflanzen ab. Innerhalb von einigen Wochen entwickelt sich aus den Raupen über das Puppenstadium die zweite Generation des Jahres an Faltern. Flogen im Frühjahr nur recht wenige Falter der ersten Generation, so treten sie nun in viel größerer Zahl auf.

ENTSPANNEN SIE SICH, WENN SIE KOHLWEISSLINGE IM GARTEN ENTDECKEN: FREUEN SIE SICH, DASS ÜBERHAUPT NOCH SCHMETTERLINGE AUFTAUCHEN UND TEILEN SIE IHREN KOHL MIT IHNEN. AUSGESÄTE KAPUZINERKRESSE WÄRE EINE ERSATZFUTTERPFLANZE.

KAPUZINERKRESSE

Tropaeolum majus

- bis zu 20 cm hohe buschige oder viele Meter rankende oder hängende ein- bis zweijährige Pflanze
- blüht von Juni bis August
- sonniger bis halbschattiger Standort
- robust, anspruchslos
- im April/Mai je zwei bis drei Samen 3 cm tief aussäen, sehr hübsche Bodendecker, Hänge- oder Kletterpflanze an Rankgerüst mit großen orangeroten bis gelben Blüten
- Blüten und Blätter essbar

Kapuzinerkresse bei Kohlpflanzen

FUTTERPFLANZE KOHLGEWÄCHSE

Auch die Weibchen dieser zweiten Generation legen ihre Eier auf den Blattunterseiten von Gemüsekohl, Kapuzinerkresse, Raps oder Hederich ab. Die geselligen Raupen sitzen auf den äußeren Blättern – dadurch fallen sie sofort ins Auge. Der Schaden jedoch hält sich in Grenzen, weil sie nicht ins Innere des Kohlkopfs einwandern. Nach drei bis vier Wochen haben die Raupen nach mehreren Häutungen ihre endgültige Größe erreicht. Dann verlassen sie die Futterpflanzen und wandern zur Verpuppung oft recht weit: Ideale Orte sind Mauern, Wände, Zäune und Ähnliches, wo sich die Puppe in ein Gespinst einspinnt. Meist überwintern die Puppen der zweiten Generation und bilden im darauffolgenden Jahr die erste Faltergeneration. Nur in ausgesprochen warmen Jahren gibt es beim Großen Kohlweißling noch eine dritte Generation.

KLEINER KOHLWEISSLING

Der mit einer Flügelspannweite von 40 bis 50 mm deutlich kleinere, aber sehr ähnliche Kleine Kohlweißling ist wohl der häufigste heimische Tagfalter. Oft sieht man ihn an den violetten Blüten von Blaukissen, Wicken, Disteln, Klee, Flockenblumen, Kartäusernelken, Sommerflieder und Blutweiderich Nektar saugen. Er fliegt ebenfalls von April bis Oktober, dank schnellerer Raupenentwicklung in nur zwei Wochen, meist in drei bis sogar vier Generationen. Die Raupen haben auch ein größeres Repertoire an Futterpflanzen: Neben denen des Großen Kohlweißlings fressen sie noch an Ackersenf, Knoblauchsrauke und Gelbem Wau. Im Gegensatz zu den Raupen des Großen Kohlweißlings fallen die des Kleinen Kohlweißlings kaum auf, denn sie halten sich im Innern des Gemüsekohls auf und fressen dort an den Blättern.

NATÜRLICHER GEGENSPIELER

Die Kohlweißlings-Brackwespe *(Cotesia glomerata)* ist ein natürlicher Gegenspieler der Kohlweißlinge. Die nur 3 mm langen

Eigelege mit Raupen

Brackwespen legen je bis zu 50 Eier an eine Kohlweißlingsraupe. Nach dem Schlüpfen bohren sich die Brackwespenlarven ins Innere der Raupe und fressen sie bei lebendigem Leib langsam von innen auf. Kurz vor der Verpuppung stirbt die parasitierte Raupe und die Brackwespenlarven verlassen sie, um sich rund um die Raupe in 3 mm großen, fälschlicherweise oft „Raupeneier" genannten Kokons zu verpuppen.

Zitronenfalter

Der Zitronenfalter ist der erste Schmetterling des Jahres: Er fliegt schon an sonnig-warmen Spätwintertagen.

FAULBAUM

Rhamnus frangula

- bis zu 3 m hoch
- blüht von Mai bis August, unscheinbar
- sonniger bis halbschattiger Standort
- robust, frosthart
- schlanker Strauch mit roten bis schwarzen giftigen Früchten ab Juli, schnellwüchsig

Zitronenfalter Männchen

STECKBRIEF

KÖRPERLÄNGE: 25 bis 30 mm, Flügelspannweite 50 bis 60 mm

MARKANTE MERKMALE: Männchen leuchtend hellgelb, Weibchen blass grünlich weiß

ZEITLICHES AUFTRETEN: Februar bis September

ÜBERWINTERUNG: als Falter an frostgeschützten Plätzen zwischen Gräsern oder bodennah in Brombeergestrüpp, auch in Gartenhäuschen

NAHRUNG: Nektar, Raupen fressen Faulbaum und Arten aus der Familie der Kreuzdorngewächse

NOTWENDIGE GARTENSTRUKTUREN: nektarreiche Blüten vom Frühjahr bis zum Herbst, Futterpflanzen für die Raupen, frostgeschützte Plätze zum Überwintern, sonnig-warme Ruheplätze, flaches Wasser

Zinnen sind Nektarlieferanten …

LEBT UNGEWÖHNLICH LANG

Unter den heimischen Schmetterlingen hat der Zitronenfalter mit zwölf und mehr Monaten die längste Lebensdauer. Er bildet bei uns nur eine Generation im Jahr aus. Zitronenfalter überwintern an geschützten Plätzen, zum Beispiel zwischen Gräsern, Holzstapeln, Wurzelstöcken oder dichten Brombeerhecken sowie in dichtem Efeubewuchs an Mauern und Hauswand.

Im Winter können Sie ihn dann auf verschneiten oder eisbedeckten Zweigen sitzend oder hängend entdecken, denn Eis und Kälte bis minus 20 °C machen ihm nichts aus. In seinem Körper fließen zuckerhaltige Gefrierschutzmittel (Glyzerin, Sorbit), die ein Durchfrieren verhindern!

FRÜHBLÜHER SIND WICHTIG

Bei der Wahl von nektarreichen Blüten ist der Zitronenfalter nicht besonders anspruchsvoll – er besucht die Blüten, die gerade geöffnet sind, seien es Klee, Wicken, Platterbsen, Flockenblumen, Wiesen-Witwenblumen, Disteln, Blutweiderich oder auch Kartäusernelken, Luzerne, Salbei, Glockenblumen, Sommerflieder und Zinnien. Im zeitigen Frühjahr sind die ganz frühen Blüher wie Huflattich, Günsel, Lerchensporn, Schlüsselblumen, Löwenzahn oder Weidenkätzchen besonders wichtig, denn sie liefern in blütenarmer Zeit lebensnotwendige Kost. Im Herbst ziehen die violett blühenden Luzerne- und Kleefelder Zitronenfalter magisch an. Sobald der Zitronenfalter auf einer Blüte zum Nektarsaugen gelandet ist, schließt er seine Flügel.

RAUPENFUTTERPFLANZEN

Im April/Mai legt das Weibchen seine Eier an einen sonnig stehenden, vor allem jungen Faulbaum oder Kreuzdorn ab – von deren Blättern sich die grünen Raupen ab Mai ernähren. Wo diese heimischen Wildsträucher nicht wachsen, gibt es keine Zitronenfalter. Als robuste und anspruchslose Pflanzen gedeihen sie in jedem Garten. Die gut getarnten Raupen sind weder auf der Unter- noch der Oberseite des Blattes leicht zu entdecken: Wenn sie ruhen, legen sie sich stets neben die Mittelrippe des Blattes, an dem sie gerade fressen. Leichter können Sie die Fraßspuren erkennen – diese müssen Sie hinnehmen und nicht mit dem Griff zur Giftflasche reagieren. Ohne Raupen, die nun mal Blätter fressen, gäbe es keinen einzigen Schmetterling! Im Juni/Juli hat die Raupe ihre endgültige Größe von 33 mm erreicht, sie verpuppt sich an Pflanzenstängeln oder unter Blättern. Die im Sommer aus der Puppenhülle geschlüpften Falter leben bis zum kommenden Sommer – im Hochsommer legen sie gern eine Ruhepause ein.

… ebenso die rankenden Platterbsen

Tagpfauenauge

Da sich seine Raupen von weit verbreiteten Brennnesseln ernähren, ist dieser hübsche Schmetterling einer der häufigsten Tagfalter bei uns.

AUCH DIE RAUPEN VOM KLEINEN FUCH
LANDKÄRTCHEN UND ADMIRAL FRESSEN
DIE BLÄTTER DER GROSSEN BRENNNESS

STECKBRIEF

KÖRPERLÄNGE: ca. 30 mm, Flügelspannweite 50 bis 60 mm

MARKANTE MERKMALE: weinrote Flügeloberseite mit vier großen Augenflecken, schwarze Flügelunterseite

ZEITLICHES AUFTRETEN: Juni bis August, August bis Mai

ÜBERWINTERUNG: als Falter an frostgeschützten Plätzen wie Holzhaufen und Höhlen, auch unter Brücken, in Gartenhäuschen, Schuppen, Nistkästen und Gebäuden

NAHRUNG: Nektar, Raupen fressen nur Große Brennnessel

NOTWENDIGE GARTENSTRUKTUREN: nektarreiche Blüten vom Frühjahr bis in den Herbst hinein, Futterpflanzen für die Raupen, frostgeschützte Plätze zum Überwintern, sonnig-warme Ruheplätze, flaches Wasser zum Trinken

Tagpfauenauge an Astern

Raupengespinst an Brennnesseln

EINER DER HÄUFIGSTEN TAGFALTER

Den vier großen Augenflecken verdankt das Tagpfauenauge seinen Namen. Sie sind im Flug sichtbar und wenn es an einem sonnigen Platz Wärme tankt. Meist jedoch schließt es seine Flügel nach der Landung – dann ist es dank der dunklen Unterseiten gut getarnt. Tagpfauenaugen fliegen bei uns jedes Jahr in zwei Generationen: Die erste schlüpft im Juni und legt nach der Paarung schon bald Eier auf den Blättern seiner Nahrungspflanze ab. Die Raupen wachsen rasch heran und verpuppen sich, sodass die Falter der zweiten Generation ab August fliegen. Sie überwintern an geschützten Stellen in Kältestarre und gehören mit Zitronenfalter (siehe Seite 98) und Kleinem Fuchs zu den ersten Schmetterlingen, die im zeitigen Frühjahr wieder fliegen. Nun erst verpaaren sie sich, um nach der Eiablage abzusterben.

BLÜHENDES BIS IN DEN HERBST HINEIN

Tagpfauenauge ernähren sich von Nektar, den sie dank ihres langen Saugrüssels auch aus tiefen Blütenkelchen saugen können. Dabei machen die Schmetterlinge keinen Unterschied, ob der Ursprung der Nektarquellen heimisch oder exotisch ist – sie besuchen wahllos heimische Wildblumen, mediterrane Kräuter wie Rosmarin, Lavendel sowie nordamerikanische Präriestauden. Im Frühjahr stehen Weidenkätzchen, Schlehen, Löwenzahn und Wiesenschaumkraut hoch im Kurs, im Sommer werden bevorzugt violette Blüten von Dost, Rot-Klee, Luzerne, Disteln, Wasserdost, Schmetterlingsstrauch *(Buddleja)* und Brombeerblüten besucht, im Herbst die Blüten der Hohen Fetthenne und Herbstastern.

Tagpfauenauge schlüpft aus Puppenhülle

Fetthennen sind Schmetterlingsmagnete

HOHE FETTHENNE

Sedum telephium

- 25–50 cm hohe, ausdauernde, sukkulente Pflanze
- blüht von August bis Oktober
- sonniger Standort
- robust, frosthart
- hübsche Pflanze mit grünlichen, gelben bis rosa Blütenständen in vielen Sorten, treibt im Frühjahr dank Überwinterungsknospen rasch aus
- auch für trockene Plätze an Mauern

WÄHLERISCHE RAUPEN

Im Gegensatz zu den erwachsenen Tagpfauenaugen sind ihre Raupen strenge Futterspezialisten: Sie fressen nur die Blätter der Großen Brennnessel – da sie solche auf nitratreichen Böden bevorzugen, kommt ihnen die bei uns vielerorts herrschende Überdüngung zugute. Allerdings wählen die Weibchen vor allem an sonnigen Plätzen wachsende Brennnesseln, an denen sie Haufen aus bis zu 70 Eiern ablegen. Die stacheligen schwarzen Raupen verbleiben zunächst gemeinsam in einem Gespinst, bald verlassen sie dieses und fressen an den umliegenden Brennnesseln. Nach vier Häutungen sind sie etwa 42 mm lang, schwarz mit weißen Pünktchen. Nach einer letzten Fressphase verpuppen sie sich an vertrockneten Pflanzenstängeln, zwei Wochen später schlüpfen die Falter.

ALTERNATIVEN ZUM SCHMETTERLINGSSTRAUCH

Da der Schmetterlingsstrauch *(Buddleja)* zum invasiven Verwildern neigt und dann heimische Wildsträucher verdrängt, müssen Sie die Blütenstände nach dem Verblühen konsequent entfernen. In der Schweiz steht er sogar auf der schwarzen Liste der Neophyten, die nicht in Gärten gepflanzt werden dürfen. Wählen Sie daher lieber heimische Alternativen wie Wald- und Garten-Geißblatt oder Gewöhnlichen Schneeball.

C-Falter

Im Garten besucht der in zwei Generationen jährlich fliegende C-Falter gern Stachelbeer- und Johannisbeerbüsche.

Rankender Hopfen

STECKBRIEF

KÖRPERLÄNGE: ca. 20 mm, Flügelspannweite 40 bis 50 mm

MARKANTE MERKMALE: rot-braune, stark gezackte Flügel mit schwarzen und gelblichen Flecken, Flügelunterseite mit silbrigem C

ZEITLICHES AUFTRETEN: März bis Oktober

ÜBERWINTERUNG: als Falter an geschütztem Platz

NAHRUNG: Nektar, Raupen fressen vor allem Sal-Weide und Große Brennnessel, darüber hinaus auch Hasel, Bergulme, Hopfen, Johannisbeere und Stachelbeere

NOTWENDIGE GARTENSTRUKTUREN: nektarreiche Blüten von Frühjahr bis Herbst, reife Beeren und Fallobst, Futterpflanzen der Raupen, frostgeschützte Überwinterungsplätze

C-Falter

DER FALTER MIT DEM C

Auch der überall häufige C-Falter überwintert als fertiger Falter an einem frostgeschützten Platz unter bodennah waagerecht stehenden Ästen oder in dichtem Efeu. Sobald es im Frühjahr wärmer wird, sonnt er sich gern auf Wegen und besucht die blühenden Weidenkätzchen und Schlehen. Wie das Tagpfauen-

ROTE JOHANNISBEERE

Ribes rubrum

- 1–2 m hoher Strauch
- blüht von April bis Mai
- sonniger bis halbschattiger Standort
- robust, anspruchslos, extrem frosthart
- aufrecht wachsender Beerenstrauch mit unscheinbaren Blüten und roten leckeren Früchten in bis zu 15 cm langen Trauben, viele Sorten Blüten vor Spätfrösten schützen

C-FALTER KÖNNEN SOGAR ZUTRAULICH WERDEN: UM DEN BEDARF AN MINERALIEN ZU DECKEN, LANDEN SIE AUCH AUF VERSCHWITZTER HAUT UND SAUGEN MENSCHLICHEN SCHWEISS.

auge und der Kleine Fuchs gehört auch der C-Falter zur Familie der Edelfalter: Diese besitzen nur vier Laufbeine, denn die vorderen Beine wurden zu kurzen Putzbeinen umgewandelt.

FUTTER- UND NEKTARPFLANZEN

Im Mai legen die Weibchen ihre Eier einzeln oder in kleinen Gruppen auf die Unterseite von Blättern der Sal-Weide und Großer Brennnessel ab. Wo diese nicht wachsen, wählen die Weibchen stattdessen die Blätter von Hasel, Bergulme, Hopfen, Johannisbeere oder Stachelbeere. Bei der Wahl bevorzugen sie halbschattig stehende Pflanzen. Die Raupen sitzen gern U-förmig gekrümmt einzeln auf den Blattunterseiten – das verstärkt die optische Tarnung als Vogelschiss. Nach sechs Wochen haben sie ihre endgültige Größe erreicht. Dann verpuppen sie sich auf der Futterpflanze. Im Juli fliegen die C-Falter der zweiten Generation, kenntlich an der hellen Flügelunterseite, die sich rasch paaren und anschließend die Eier legen. Die sich daraus entwickelnden Falter der zweiten Generation zeichnen sich durch deutlich dunklere Flügelunterseiten aus: Die Falter verkriechen sich im Herbst an einem frostgeschützten Platz zum Überwintern, um sich erst im folgenden Frühjahr fortzupflanzen.

NEKTAR UND SÄFTE

C-Falter ernähren sich nicht nur vom Nektar in den Blüten verschiedener Wild- und Gartenpflanzen, sondern saugen zudem an den Früchten von Stachel- und Johannisbeeren. Ab dem Sommer können Sie sie oft an überreifem Fallobst saugend beobachten, im Herbst an Efeublüten. Die lebensnotwendigen Mineralien nehmen C-Falter in flachen Pfützen oder von Kothaufen auf. Ebenso wie Tagfalter besucht auch dieser die Blüten des Sommerflieders *(Buddleja)*: Weil dieser aus Asien stammende Gartenstrauch aber zum invasiven Ausbreiten neigt, sollten Sie heimische Schmetterlingssträucher pflanzen (siehe Seite 101).

WICHTIG BEI DER GARTENARBEIT!

Verzichten Sie im Garten auf den Einsatz von künstlichen Mineraldüngern und stellen Sie komplett auf organische Düngung mit Kompost um. Das tut auch den Schmetterlingen gut – denn erstens werden viele heimische Wildpflanzen, die den Schmetterlingen als Futterpflanze dienen, auf stark gedüngtem Boden durch einige wenige wüchsige Arten verdrängt und zweitens vertragen Raupen die Blätter stark gedüngter Pflanzen nicht: Sie bekommen davon Durchfall und können sich im schlimmsten Fall nicht zu Faltern entwickeln.

Großes Ochsenauge

Die Raupen ernähren sich von verschiedenen Gräsern, die Falter saugen an verschiedenen Blüten – Garant für sein häufiges Vorkommen.

STECKBRIEF

KÖRPERLÄNGE: ca. 20 mm, Flügelspannweite 40 bis 50 mm

MARKANTE MERKMALE: dunkelbraune Flügel; Männchen mit schwarzem Fleck; Weibchen mit orangebraunem Fleck

ZEITLICHES AUFTRETEN: Juni bis Anfang September

ÜBERWINTERUNG: als junge Raupe zwischen Grashorsten

NAHRUNG: Nektar, Raupen fressen verschiedene Süßgräser

NOTWENDIGE GARTENSTRUKTUREN: nektarreiche violette Blüten im Sommer, Futterpflanzen der Raupen, Grashorste als Überwinterungsplätze stehen lassen, im Sommerhalbjahr nicht mähen

AN HEISSEN SOMMERTAGEN RUHEN DIESE SCHMETTERLINGE REGUNGSLOS AN SCHATTIGEN STELLEN, MANCHMAL TAGELANG.

Rabatte mit Lavendel und Patagonischem Eisenkraut

Großes Ochsenauge

AUGENFALTER

Das Große Ochsenauge ist der häufigste Augenfalter, einer Unterfamilie der Edelfalter mit vorwiegend dunkelbraunen Arten wie Heufalter, Mohrenfalter und Waldportier. Im Juni schlüpfen zunächst die Männchen aus den Puppenhüllen. Sie umkreisen die umliegenden Grashorste im typisch langsamen Flug, flattern auch immer wieder mal zwi-

Süßgräser sind Raupenfutterpflanzen

ECHTER LAVENDEL

Lavandula angustifolia

- 60–70 cm hoher Halbstrauch
- blüht von Juni bis Juli
- vollsonniger Standort
- robust, anspruchslos, für wintermilde Gebiete, sonst Winterschutz
- sehr attraktive Duftpflanze, auch für Gefäßkultur
- sehr empfindlich auf Staunässe, auch im Winter

Lavendel mit Frauenmantel und Bartnelken

schen die Grasbüschel – sie erwarten die Weibchen, die erst deutlich später schlüpfen.

FUTTERPFLANZE SÜSSGRÄSER

Nach der Paarung legt das Weibchen seine Eier einzeln bodennah an grünen und verdorrten Halmen verschiedener Süßgräser wie Aufrechter Trespe, Schafschwingel, Wiesen-Rispengras und Wolligem Honiggras ab. Die jungen Raupen, die im August die Eihüllen verlassen, fressen im Herbst tagsüber an den Gräsern. Wenn die Temperaturen sinken, verkriechen sie sich zur Winterruhe zwischen den Grashorsten und dem Falllaub. An milden Wintertagen fressen sie weiter und auch im Frühling mit steigenden Temperaturen geht das Fressen weiter, nun aber bei Dunkelheit. Am Sommeranfang haben die Raupen nach mehreren Häutungen ihre endgültige Größe von 25 mm erreicht, dann verpuppen sie sich dicht über dem Boden an einem dürren Pflanzenstängel.

AM LIEBSTEN VIOLETT

Das Große Ochsenauge tritt jährlich nur in einer Generation auf, die in den Sommermonaten fliegt. Um Nektar zu tanken, besucht der Schmetterling eine Vielzahl verschiedener Blüten – dabei bevorzugt er violette Blüten wie die von Teufelsabbiss, Kratzdistelarten, Flockenblume, Sommerflieder, Glocken-Heide, Tauben-Skabiose, aber auch Ringelblumen, Schafgarbe, Wasserdost, Weiß- und Rot-Klee, Sandköpfchen, Margeriten, Rainfarn und Brombeeren. Richten Sie doch (auch für diesen Schmetterling) einen sonnigen Kräutergarten mit violett blühendem Lavendel, Wildem Majoran, Echtem Dost, Oregano, Ysop, Thymian und Baldrian an.

WENIGER MÄHEN IST MEHR!

Am Jahreslauf des Großen Ochsenauges erkennen Sie, warum häufiges Mähen so zerstörerisch ist: Wenn üblicherweise Wiesen im Mai gemäht werden, befinden sich die Raupen des Großen Ochsenauges als Raupe auf den Grashalmen – sie können ebenso wenig vor dem Mäher fliehen wie einen Monat später die an den Halmen befestigten Puppen. Eine Mahd – und alles ist vernichtet. Ein Mähen ab Juli vernichtet zunächst die anheftenden Eier, später im Sommer und Herbst die Raupen, die mit einer Herbstmahd auch den geschützten Überwinterungsplatz verlieren.

Gemeiner Bläuling, Hauhechelbläuling

Unter den rund 50 heimischen Bläulingsarten ist der Hauhechelbläuling der häufigste, darum sein Zweitname Gemeiner Bläuling.

GEMEINER HORNKLEE

Lotus corniculatus

- 5–30 cm hohe, krautige Pflanze
- blüht von Mai bis September
- sonniger bis halbschattiger Standort
- robust, frosthart
- hübsche Blütenpflanze für Blumenrasen und -wiese, Wegränder und Steingarten
- auch als Gründüngungspflanze

Hauhechelbläuling, Flügelunterseite

STECKBRIEF

KÖRPERLÄNGE: ca. 15 mm, Flügelspannweite 25 bis 30 mm

MARKANTE MERKMALE: Männchen leuchtend blaue Flügel mit weißem Saum; Weibchen bräunliche, blau überhauchte Flügel mit orangen Flecken am Rand

ZEITLICHES AUFTRETEN: Mai bis Oktober

ÜBERWINTERUNG: als Raupe an frostgeschützten Plätzen zwischen dichten Pflanzen, Falllaub oder Erdritzen

NAHRUNG: Nektar, Raupen fressen nur Schmetterlingsblütler wie Hornklee, Hauhechel, Luzerne und Klee

NOTWENDIGE GARTENSTRUKTUREN: warme, sonnige Plätze mit Hornklee und anderen Futterpflanzen der Raupen, abgeblühte und verwelkte Blumen über den Winter als Winterquartier stehen lassen, Raupenfutterpflanzen nicht abmähen

HÜBSCHE KLEINE FALTER

Bläulinge sind recht kleine Tagfalter, die mit ihren blauen Flügeln sehr ähnlich aussehen. Die verschiedenen Arten unterscheiden sich durch arttypische Fleckenmuster auf der Unterseite der Flügel. Den Hauhechelbläuling erkennen Sie an den schwarzen, weiß umrandeten Flecken und einer Reihe größerer orange-schwarz-weißer Flecken am Flügelrand. Da sich die Raupen schnell entwickeln und innerhalb von nur sechs Wochen eine neue Generation entstehen kann, fliegt der Hauhechelbläuling bei uns alljährlich mit zwei, manchmal auch drei Generationen bis spätestens Ende Oktober.

Die männlichen Vertreter der Hauhechelbläulinge sitzen gern auf Blüten und jagen von dort aus Faltern nach, die an ihnen vorbeifliegen. Auch beim Saugen von Wasser an flachen Pfützen und Wasserstellen sowie beim Aufnehmen von Mineralien aus feuchter Erde oder Kothaufen können

Sie die Männchen gut beobachten. Die Weibchen hingegen leben versteckter.

SEHR ANPASSUNGSFÄHIG

Ab Mai erscheinen die ersten Bläulinge, die gern an den violetten Blüten von Flockenblumen, Luzerne, Blutweiderich, Thymian und Rot-Klee saugen, aber auch gelben Hornklee, Rainfarn und Wiesen-Platterbse oder Weiß-Klee besuchen. Dabei bevorzugen sie sonnige, warme, trockene Wiesen und Ödflächen – da diese oft in Siedlungsnähe vorkommen, fliegt dieser Bläuling von dort aus auch in die umgebenden naturnahen Gärten. Wo es ihm gefällt, kann er auch rasch Fuß fassen: Er legt viele Eier, die Raupen entwickeln sich rasch und können in jedem Entwicklungsstadium überwintern. All dies gewährleistet, dass sich der Hauhechelbläuling gut an sich verändernde Umweltbedingungen anpassen kann.

Kräuterbeet mit Thymian, Majoran und rotem Basilikum

Witwenblume

GEGEN ABEND SUCHEN DIE FALTER NACH HOHEN GRASHALMEN, DORT RUHEN SIE DANN ÜBER NACHT MIT GESCHLOSSENEN FLÜGELN.

GEMEINER HORNKLEE

Etwa eine Woche nach der Paarung legt das Weibchen seine Eier einzeln auf die Oberseiten der Blätter oder in die Blüten von Hornklee, Luzerne, Hauhechel- und Kleearten ab. Diese Futterpflanzen sind recht weit verbreitet – auch das ein klarer Vorteil für diesen Schmetterling. Tagsüber frisst die asselähnliche hellgrüne, behaarte, bis zu 13 mm lange Raupe an Blüten und Blättern ihrer Futterpflanzen. Nach drei bis vier Wochen zieht sie sich am Boden zwischen Pflanzenreste zurück, wo sie sich zum Falter der zweiten Generation verpuppt. Aus den Eiern dieser Falter schlüpfen Raupen, die sich entweder erneut zu Faltern der dritten Generation entwickeln oder die im kälter werdenden Herbst an der Basis der Futterpflanzen überwintern. Im darauffolgenden Frühjahr beenden sie ihre Entwicklung über das Puppenstadium zu fertigen Faltern – den Hauhechelbläulingen der ersten Generation im neuen Jahr.

Rostfarbiger Dickkopffalter

Unter den über 20 heimischen Dickkopffalterarten mit dem typisch dicken Kopf ist dieser der häufigste.

Rostfarbiger Dickkopffalter

Ross-Minze

KLEINER TAGFALTER

Der Rostfarbige Dickkopffalter gehört zu den kleinen Schmetterlingen: Wenn er auf Blüten oder Blättern sitzt, fällt sofort der kurze, kräftige Körper, die recht kleinen Flügel und der dicke Kopf mit den großen Augen auf. Auch seine Flügelhaltung ist anders: Während die Hinterflügel waagerecht ausgebreitet sind, stehen die beiden Vorderflügel schräg nach oben. Die Männchen tragen auf den Vorderflügeln Streifen aus dunklen Duftschuppen, die den Weibchen fehlen.

SOMMERTYP

Dieser Tagfalter ist ein typischer Sommerschmetterling, der jährlich in einer Generation fliegt: Er besucht eine Vielzahl verschiedener nektarreicher Blüten wie Vogel-Wicke und Brombeere, vor allem

STECKBRIEF

KÖRPERLÄNGE: rund 10 mm, Flügelspannweite 25 bis 32 mm

MARKANTE MERKMALE: kleiner Falter mit stämmigem Körper und recht kurzen Flügeln, die er im Sitzen schräg nach oben stellt

ZEITLICHES AUFTRETEN: Juni bis August

ÜBERWINTERUNG: als ältere Raupe zwischen Futterpflanzen

NAHRUNG: Nektar, Pollen; Raupen fressen verschiedene Süßgräser

NOTWENDIGE GARTENSTRUKTUREN: nektarreiche Blüten von Brombeeren, verschiedenen Lippen- und Korbblütern im Sommer, heimische Gräser in Horsten, die über den Winter stehen bleiben

DER ROSTFARBIGE DICKKOPFFALTER WIRD GERN MIT DEM SEHR ÄHNLICHEN KOMMAFALTER VERWECHSELT: DIESER FLIEGT ABER SPÄTER, VOR ALLEM IM HOCH- UND SPÄTSOMMER.

FLATTER-BINSE

Juncus effusus

- bis zu 70 cm hohes Gras
- blüht Juli bis August
- sonniger bis halbschattiger, feuchter Standort
- robust, anspruchslos, frosthart
- starkwüchsige Sumpfpflanze, auch für verdichtete Böden, unbedingt durch Pflanzgefäß im Zaum halten, wasserreinigende Wirkung

Beliebtes Futtergras der Raupen

Lavendel, Ross-Minze und Salbei

aber die von Lippenblütlern wie Wirbeldost, Ziest, Ross-Minze, Salbei und Oregano sowie Korbblütlern wie Acker-, Sumpf- und Kratz-Disteln, Tauben-Skabiose, Witwenblumen und Flockenblumen. Nach der Paarung bewegt sich das Weibchen nicht weit fort, sondern legt seine Eier auf die Unterseite von verschiedenen Süßgräsern ab, den Futterpflanzen der Raupen.

GRAS ALS RAUPENFUTTER

Das Spektrum der Futtergräser, von dem sich die unbehaarten grünen, dickköpfigen Raupen ernähren, ist groß: Gewöhnliches Knäuelgras, Pfeifengras, Fieder-Zwenke, Sand-Reitgras, Wiesen-Rispengras, Rohr-Schwingel, Haar-Hainsimse, Wolliges Honiggras, Gemeine Quecke, Rotes Straußgras, Wiesen-Lieschgras und Aufrechte Trespe, sogar Flatter-Binsen gehören dazu. Von August bis in den Juni des darauffolgenden Jahres halten sich die Raupen auf diesen Gräsern auf. Weil sie sich in einer selbst um Grasblätter gesponnenen Röhre aufhält, ist sie stets geschützt. In dieser Röhre frisst sie nicht nur, sondern verbringt darin auch den Winter. Im Frühjahr frisst die Raupe bis Ende Mai weiter an den Gräsern, dann verpuppt sie sich in einem selbst gesponnenen Kokon zwischen den Gräsern. Nach drei Wochen verlässt der fertige Rostfarbige Dickkopffalter den Kokon.

GRÄSERHORSTE STEHEN LASSEN

Da die in Grasgespinströhren auf verschiedenen Gräsern lebenden Raupen nicht auffallen, werden sie oft beim Mähen vernichtet. Mit jeder Mahd zwischen August und Juni geht dann eine Generation dieser kleinen Rostfarbigen Dickkopffalter verloren. Mit dem Erhalt von Grashorsten tun Sie diesem Falter Gutes – vor allem, wenn Sie ihn im Sommer in Ihrem Garten beobachtet haben. Dann gilt ab August ein sofortiger Mähstopp!

Sechsfleckwidderchen

Wegen der sechs roten Flecken auf jedem Flügel wird dieser Falter auch „Blutströpfchen“ genannt.

STECKBRIEF

KÖRPERLÄNGE: bis zu 20 mm, Flügelspannweite 30 bis 38 mm

MARKANTE MERKMALE: sehr lange schwarze Fühler, mit sechs roten Flecken auf den Flügeln, die im Ruhezustand dachförmig auf dem Rücken liegen

ZEITLICHES AUFTRETEN: Mai bis September

ÜBERWINTERUNG: als Raupe auf der Futterpflanze

NAHRUNG: Nektar, Pollen, Raupen fressen Hornklee

NOTWENDIGE GARTENSTRUKTUREN: nektarreiche Blüten von Frühjahr bis Herbst, reichlich Bestände von Hornklee, die über den Winter stehen bleiben

TAGAKTIVER NACHTFALTER

Wie alle Kleinschmetterlinge werden auch die rund 30 heimischen Widderchenarten trotz ihrer Tagaktivität den Nachtfaltern zugeordnet. Das Sechsfleckwidderchen ist das häufigste unter ihnen, denn es kann sich leicht an verschiedene Lebensräume anpassen: So kommt es auf trockenen Ödstellen am Wegrand ebenso vor wie auf feuchten Wiesen. Nur das häufige

Sechsfleckwidderchen

Raupe

Puppe

Mähen setzt diesem Schmetterling zu: Mit jeder Mahd wird der auf vielen Wiesen wachsende Hornklee beseitigt und mit ihm die darauf vom Sommer bis zum nächsten Sommer lebenden Raupen und Puppen. Sechsfleckwidderchen fliegen alljährlich nur in einer Generation im Sommer.

WENIG SCHEU

Widderchen sitzen gern zu mehreren beisammen auf sonnigen Blüten, um Nektar zu saugen. Obwohl sie violette Blüten wie die der Skabiosen, Disteln, Flocken- und Witwenblumen bevorzugen, besuchen sie auch viele andere Blüten, vor allem Korb- und Schmetterlingsblütler. Nachmittags sind sie aktiver als vormittags.

HORNKLEE FÜR DIE RAUPEN

Im Sommer legt das Weibchen seine Eier in kleinen Haufen auf die Blätter von Gemeinem Hornklee, seltener auch auf Sumpf-Hornklee und Bunter Kronwicke. Die zunächst winzigen, asselähnlichen Raupen beginnen gleich nach dem Schlüpfen mit dem Fressen, sie überwintern ruhend auf oder unter der Futterpflanze und setzen im darauffolgenden Frühjahr das Fressen fort. Nach etlichen Häutungen haben sie eine Körperlänge von 22 mm erreicht. Nun verpuppen sie sich in einem spindelförmigen gelblichen Kokon von pergamentartiger Konsistenz, der dicht einem Pflanzenstängel oder vertrockneten Grashalm anliegt – dadurch wirkt er wie ein vertrockneter Teil der Pflanze. Bald schlüpft daraus das erwachsene Sechsfleckwidderchen.

TAUBEN-SKABIOSE

Scabiosa columbaria

- 20–80 cm hohe Staude
- blüht von Ende Juni bis Oktober
- sonniger bis halbschattiger Standort
- robust, anspruchslos, frosthart
- hübsche, zierliche Wildstaude mit großen Blütenständen für Beete und Rabatte, braucht unbedingt mageren Boden, wurzelt tief

Witwenblume mit weißem Lavendel

DIE WENIG SCHEUEN WIDDERCHEN FLIEGEN ERST AUF, WENN MAN GANZ NAH AN SIE HERANKOMMT.

KEINE NAHRUNG FÜR VÖGEL

Widderchen sind leicht giftig, denn ihre Körperflüssigkeiten enthalten cyanogene Glycoside, aus denen Blausäure freigesetzt wird. Davor warnt zuverlässig die schwarz-rote Färbung, denn jeder Vogel, der einmal ein Widderchen gefressen hat, lässt sie zukünftig in Ruhe. So können sich diese Falter gefahrlos tagsüber auf Blüten zeigen.

Taubenschwänzchen

Schwirrt ein „Kolibri“ im Sommer um Balkonkästen und duftenden Geißblattsträuchern, so handelt es sich dabei um diesen Nachtfalter.

Taubenschwänzchen ...

... mit eingerolltem Rüssel

STECKBRIEF

KÖRPERLÄNGE: bis zu 30 mm, Flügelspannweite 35 bis 50 mm

MARKANTE MERKMALE: grau-brauner kräftiger Körper, kleine gelb-rote Hinterflügel, breiter Hinterleib mit weißen Flecken an den Seiten und flachem schwarzem „Taubenschwanz“ (Name)

ZEITLICHES AUFTRETEN: April bis Oktober

ÜBERWINTERUNG: im Mittelmeerraum, nur selten bei uns als Puppe

NAHRUNG: Nektar, Raupen fressen verschiedene Labkrautarten

NOTWENDIGE GARTENSTRUKTUREN: nektarreiche Blüten, Futterpflanzen für die Raupen

WANDERFALTER

Das Taubenschwänzchen ist ein Wanderfalter, der bei uns alljährlich in zwei Generationen fliegt. Die erste erscheint ab April und besteht überwiegend aus Faltern, die aus dem Süden über die Alpen bei uns eingewandert sind. Denn Taubenschwänzchen sind großartige Flieger: innerhalb von zwei Wochen können sie locker 3 000 km zurücklegen. Wie ein Kolibri huscht es von Blüte zu Blüte, vor denen es kurz im Schwirrflug in der Luft stehenbleibt, um seinen langen, ausgerollten Saugrüssel tief in die Blütenkelche einzutauchen. So erscheint es nicht nur in Gärten, sondern auch an blühenden Balkonkästen mitten in der Stadt.

ECHTES LABKRAUT

Galium verum

- 30–60 cm hohe Staude
- blüht von Juni bis September
- sonniger bis halbschattiger Standort
- robust, anspruchslos, frosthart
- attraktive Wildblume für magere Blumenwiese, Böschung und Gebüschrand mit nach Honig duftenden gelben Blüten, sät sich selbst aus

Patagonisches Eisenkraut und Spinnenblumen

NICHT WÄHLERISCH

Überall, wo nektarreiche Blüten gedeihen, kann das mobile Taubenschwänzchen auftauchen – bei Tag bis weit in die Abendstunden hinein. Es tankt Nektar an Balkonpflanzen wie Fuchsien, Petunien und Pelargonien, an nachtduftenden Flammenblumen (Phlox), Jasmin, Ziertabak *(Nicotiana)* und Heckenkirsche (Geißblatt), an verschiedenen Wild-, Wiesen- und Feldblumen wie Klee, Natternkopf, Schneckenklee, Storchschnäbel, Veilchen, Verbenen, Ziest, Luzerne, Gundermann und Skabiose – und natürlich wird es auch am Sommerflieder *(Buddleja)* beobachtet.

LABKRÄUTER FÜR DIE RAUPEN

Ab Mai legt das Weibchen seine Eier einzeln oder zu zweit auf verschiedenen Labkräutern wie Gemeines oder Echtes Labkraut ab, den Futterpflanzen der Raupen. Vereinzelt wurden Taubenschwänzchenraupen auch schon an Sternmiere, Spornblume *(Centranthus)* und Weidenröschen entdeckt. Anders als die erwachsenen Taubenschwänzchen sind die Raupen vor allem nachts aktiv. Sie verpuppen sich in einem Gespinst zwischen Falllaub am Boden. Die frühzeitig verpuppten Exemplare schlüpfen und bilden die zweite Generation des Jahres, von denen viele im Herbst wieder über die Alpen zurück in den Mittelmeerraum fliegen. Der andere Teil der Puppen überwintert – in kalten Wintern jedoch haben sie keine Überlebenschance. In warmen Wintern oder in Gebieten mit Weinbauklima, vermutlich auch zukünftig überstehen sie die Winterruhe: Dann schlüpfen im darauffolgenden Frühjahr daraus erwachsene Taubenschwänzchen.

ERWACHSENE TAUBENSCHWÄNZCHEN HABEN MIT BIS ZU VIER MONATEN EINE FÜR SCHMETTERLINGE RECHT LANGE LEBENSZEIT.

Hummelschwärmer

Auf den ersten Blick erkennt man nur schwer, dass der Hummelschwärmer tatsächlich ein Schmetterling ist.

STECKBRIEF

KÖRPERLÄNGE: 20 bis 25 mm, Flügelspannweite 40 bis 47 mm

MARKANTE MERKMALE: hummelähnlicher Körper, olivgrüne Brust, rot-gelb-weiß-schwarz gemusterter Hinterleib, durchscheinende Flügel

ZEITLICHES AUFTRETEN: Mai bis Mitte August

ÜBERWINTERUNG: als Puppe im Gespinst am Erdboden

NAHRUNG: Nektar, Raupen fressen Heckenkirschen (Geißblatt, *Lonicera*)

NOTWENDIGE GARTENSTRUKTUREN: nektarreiche Blüten, Futterpflanzen für die Raupen

Hummelschwärmer

HUMMELÄHNLICH

Nicht nur wegen seines kurzen, dicken, pelzig behaarten, gelb-braunen Hinterleibs, sondern auch wegen der durchsichtigen Flügel erinnert der Hummelschwärmer an eine Hummel. Kurz nach dem Schlüpfen aus der Puppenhaut sind seine Flügel, wie bei allen Schmetterlingen, noch dicht mit olivfarbenen und rot-braunen Schuppen besetzt. Doch schon bei den ersten Flügen fallen die meisten ab. Bei uns fliegen Hummelschwärmer in einer Generation, weiter südlich in zwei.

WIE EIN KOLIBRI

Der Hummelschwärmer gehört ebenso wie das Taubenschwänzchen (siehe Seite 112) zu den Nachtfaltern, die tagsüber unterwegs sind. Auch er beherrscht den Schwirrflug und steht beim Saugen von Nektar vor den Blüten in der Luft. Ab dem frühen Vormittag besucht er in den Gärten gern die Blüten von Rhododendren, Phlox, Flieder und Schmetterlingsstrauch *(Buddleja)*, auf Balkon und Terrasse die bunten der Wandelröschen *(Lantana)*. Auch an Günsel, Pechnelken, Lungen- und Leimkräutern *(Silene)* saugt er Blütennektar.

ROTE HECKEN-KIRSCHE

Lonicera xylosteum

- bis zu 3 m hoher Strauch
- blüht von Mai bis Juni
- sonniger bis halbschattiger Standort
- robust, anspruchslos, frosthart
- sehr schöner Strauch mit hübschen zart duftenden Blüten und ab Juni erbsengroßen, roten, giftigen Beerenfrüchten

IN SEINER SÜDAMERIKANISCHEN HEIMAT TRINKEN KOLIBRIS NEKTAR AUS DEN TIEFEN BLÜTENKELCHEN DES WANDELRÖSCHENS (*LANTANA CAMARA*), BEI UNS TUN DIES AUF DIESELBE WEISE HUMMELSCHWÄRMER UND TAUBENSCHWÄNZCHEN IM SCHWIRRFLUG.

Günsel

HECKENKIRSCHEN UND GEISSBLATT

Die Weibchen legen ihre Eier einzeln auf die Unterseite der Blätter von halbschattig stehenden *Lonicera*-Arten wie Roter Heckenkirsche, Wald-Geißblatt und Schwarzer Heckenkirsche ab. Weitere, aber unbedeutende Futterpflanzen der Raupen sind Schneebeeren und Deutzien sowie die krautigen Labkräuter und Witwenblumen. Nachts fressen die Raupen auf der Blattunterseite kleine Löcher in die Blätter, tagsüber ruhen sie – die älteren ziehen sich dazu auf die Zweige zurück. Bei Störung lassen sich die Raupen auf den Boden fallen. Dort verpuppen sie sich am Ende der Raupenentwicklung auch in einem feinen Gespinst. Manchmal schlüpfen noch zum Herbst hin daraus fertige Falter, meist aber überwintert die Puppe am Erdboden und verlässt erst im kommenden Jahr die Hülle.

Wandelröschen

Brauner Bär

Den bärenpelzartig braun behaarten Raupen verdankt dieser Nachtfalter, der zu den größeren heimischen Arten gehört, seinen Namen.

Brauner Bär

STECKBRIEF

KÖRPERLÄNGE: etwa 30 mm, Flügelspannweite 45 bis 65 mm

MARKANTE MERKMALE: braun-weiß gemusterte Vorderflügel, zinnoberrote Hinterflügel mit schwarzen Flecken

ZEITLICHES AUFTRETEN: Juli bis September

ÜBERWINTERUNG: als 1 cm lange Raupe am Boden

NAHRUNG: keine; nur Raupen fressen die Blätter verschiedener Sträucher und krautiger Pflanzen

NOTWENDIGE GARTENSTRUKTUREN: Futterpflanzen der Raupen, die bis zum darauffolgenden Sommer erhalten bleiben müssen, keinerlei Lichtquellen bei Nacht

Raupe mit „Bärenfell“

FLIEGT LICHT AN

Im Sommer fliegt der Braune Bär in einer einzigen Generation. Da seine Mundwerkzeuge reduziert sind, kann er keine Nahrung mehr aufnehmen – dementsprechend ist seine Lebensdauer auf eine recht kurze Zeit beschränkt. Tagsüber ruht er auf der Rinde von Bäumen, die gemusterten Vorderflügel tarnen ihn dabei perfekt im Spiel von Licht und Schatten.

NACHTFALTER SIND UNGEMEIN WICHTIGE NAHRUNG VON FLEDERMÄUSEN UND VIELEN ANDEREN NACHTTIEREN!

Wird er gestört, öffnet er seine Vorderflügel und die orangen Hinterflügel werden plötzlich sichtbar – das erschreckt mögliche Feinde vor den giftigen Faltern. Nur bei Nacht ist der Braune Bär aktiv. Dann fliegt er oft künstliche Lichtquellen an und taucht in beleuchteten Räumen auf.

HIMBEERE

Rubus idaeus

- etwa 1 m hoher stacheliger Strauch
- blüht von Mai bis August
- sonniger bis halbschattiger Standort
- robust, anspruchslos, frosthart
- beliebter Beerenstrauch in vielen Sorten, es gibt Sommer- und Herbsthimbeeren mit unterschiedlicher Kultur, auch als Heckenpflanze geeignet

VIELE FUTTERPFLANZEN

Die Raupen sind hinsichtlich der Futterpflanzen nicht wählerisch – und so legen die Weibchen bis zu 500 Eier auf die Unterseite der Blätter verschiedener Wildsträucher wie Himbeere, Brombeere und Weiden, sogar von Eichen und Eschen. Unter den krautigen Pflanzen ernähren sich die Raupen von Brennnesseln, Echtem Mädesüß, Löwenzahn und verschiedenen Ampferarten. Sicherlich gibt es noch mehr Pflanzen, die auf dem Speiseplan der Raupen stehen. Zum Überwintern wandern sie auf den Boden, im kommenden Frühjahr fressen sie weiter und verpuppen sich schließlich im Juni in einem feinen, mit eigenen Haaren vermischten Gespinst am Boden zwischen den Stängeln der Futterpflanze.

Römischer Ampfer, Futterpflanze für Raupen

NACHTS IST ES DRAUSSEN DUNKEL

Dem Braunen Bär und vielen anderen Nachtfaltern setzen nicht nur der Rückgang der Futterpflanzen, die intensive Land- und Forstwirtschaft sowie die überpflegte Landschaft – auch in den Gärten – zu, sondern vermehrt die nächtliche Lichtverschmutzung. Wegen energiesparender LED-Lampen und Solarpaneelen nimmt sie rasant von Jahr zu Jahr zu. Das künstliche Licht stört nachweislich nicht nur Vögel und Pflanzen, sondern vor allem die Nachtfalter und andere Nachtinsekten. Sie – die bis vor 100 Jahren nachts nur Mondlicht gekannt haben – werden magisch von dem hellen Licht angezogen, können sich ihm nicht entziehen und umkreisen es, bis sie erschöpft zugrunde gehen. Studien zeigen, dass eine beleuchtete Straße wie ein unüberquerbarer Grenzzaun die Populationen rechts und links voneinander trennt.

Sorgen Sie dafür, dass es nachts draußen dunkel ist.

Verzichten Sie daher komplett auf automatisch bei Dunkelheit leuchtende Lichtquellen! Montieren Sie nur dort nach unten gerichtete Lichtquellen, wo sie sie wirklich brauchen, wie etwa an Treppen. Sorgen Sie dafür, dass diese Lichter mittels Bewegungsmelder oder Schaltrelais nur bei Bedarf leuchten und von selbst wieder erlöschen.

Noch mehr Schmetterlinge

In nicht überpflegten Gärten, in denen viele verschiedene Futterpflanzen der Raupen wachsen und nektarreiche Blüten vom Frühjahr bis zum Herbst blühen, können etliche Schmetterlinge vorkommen.

Aurorafalter

Fliegt von Mitte Mai bis Ende Juni (Flügelspannweite von 30 bis 40 mm), saugt u.a. an Gundermann und Günsel. Die Raupen fressen im Mai/Juni an Wiesen-Schaumkraut. Die Puppen ruhen bodennah vom Sommer bis zum darauffolgenden Frühling.

Goldene Acht

Hornklee, Luzerne, Klee und Wicken sind die Futterpflanzen der Raupen. Von Mai bis Anfang Oktober treten die Falter (Spannweite 35 bis 45 mm) in zwei bis drei Generationen auf, sie besuchen gern die Blüten von Rot-Klee, Disteln und anderen.

Kleiner Fuchs

Einer der ersten Schmetterlinge (Flügelspannweite 40 bis 50 mm) im Jahr. Die geselligen Raupen fressen nur Brennnesseln, der Kleine Fuchs saugt gern an Schmetterlingsstrauch, Klee und Luzerne. Zwei bis drei Generationen im Jahr.

Admiral

Ab April wandert er (Spannweite 50 bis 60 mm) über die Alpen zu uns, im Herbst ziehen die Falter der nächsten Generation wieder in den Süden. Die Raupen ernähren sich nur von Brennnesseln, die Falter gern von Wasserdost und Herbstastern.

Distelfalter

Wandert jedes Jahr von Nordafrika zu uns (Spannweite 45 bis 60 mm). Ab August zieht er nach Süden zurück. Die Raupen fressen an Disteln, auch an Brennnesseln und Malven. Die Falter saugen gern an Disteln, Berberitze und Natternkopf.

Landkärtchen

Im April/Mai fliegt die kleinere orange-braune Frühlingsgeneration, im Juli/August die größere dunkle Sommergeneration (Spannweite bis zu 40 mm); saugt an Disteln, Wasserdost, Zwerg-Holunder. Raupen fressen Brennnesseln. Die Puppe überwintert.

Kleines Wiesenvögelchen

Dost, Thymian, Majoran und Lavendel locken diesen kleinen, noch häufigen Edelfalter (Spannweite ca. 20 mm) von Mai bis September in Gärten. Die jungen Raupen überwintern am Boden, ab Ende April fressen sie an Gräsern.

Windenschwärmer

Wenn der große Nachtfalter (Spannweite bis zu 12 cm) von Juni bis Oktober um Straßenlaternen fliegt, kann man ihn mit einer Fledermaus verwechseln. Er saugt gern an Nachtkerzen, Seifenkraut, Tabak und Phlox, Raupen fressen Winden.

Mittlerer Weinschwärmer

Fliegt (Spannweite bis zu 60 mm) die duftenden Blüten von Geißblatt, Nachtkerzen an, auch Phlox, Weidenröschen und Springkraut. Die Raupen ernähren sich von Weidenröschen, Nachtkerzen, Blutweiderich, auch Fuchsien. Die Puppe überwintert.

Eichhörnchen

Worauf Igel, Eichhörnchen und Co. fliegen

Neben Vögeln und Insekten stellen sich noch viele andere Wildtiere im Garten ein, wenn er ihre Bedürfnisse erfüllt: Dazu tragen verschiedene Pflanzen bei.

EICHHÖRNCHEN, HASELMAUS …

… und Siebenschläfer – diese putzigen Bilche mit dem buschigen Schwanz sind muntere Gäste im Garten. Als Pflanzenfresser können Sie sie direkt mit früchte- und nüssetragenden Bäumen und Sträuchern anlocken.

IGEL UND FLEDERMAUS

Diese Kleinsäuger ernähren sich nicht vegetarisch, sondern brauchen vor allem verschiedene Insekten als Nahrung. Diese finden sich ein, wenn Sie konsequent auf Insektizide verzichten und vor allem heimische Wildpflanzen ansiedeln – auf diese sind die Käfer, Falter und anderen Insekten angewiesen, dazu noch natürliche Unordnung das ganze Jahr über, sodass sie ihre Entwicklung vollziehen und die kalte Jahreszeit überstehen können.

EIDECHSEN & CO.

In Gärten mit zusagenden Bedingungen gibt es noch mehr tierische Gäste: Eidechsen ziehen in sonnig-warme Trockenmauern ein, Blindschleichen mögen es eher schattig-feucht, und wenn Sie einen naturnahen Teich haben, siedeln darin – sofern die Zuwanderung möglich ist – vielleicht sogar Molche.

Eichhörnchen

In Gärten mit altem Baumbestand oder die an Wald, Park oder alten Friedhof grenzen, gehört das Eichhörnchen zu den regelmäßigen Gästen.

STECKBRIEF

KÖRPERLÄNGE: 20 bis 25 cm plus bis zu 20 cm langer Schwanz

MARKANTE MERKMALE: hellrotes bis dunkelbraunes Fell, weißer Bauch, im Winter mit Ohrbüscheln

ZEITLICHES AUFTRETEN: ganzjährig

ÜBERWINTERUNG: im Kobel ruhend

NAHRUNG: Baumsamen wie Buchecker, Eicheln, Haselnüsse, Knospen, Pilze, Insekten, Schnecken, Vogeleier, junge Vögel

NOTWENDIGE GARTENSTRUKTUREN: alte Bäume mit geschlossenen Baumkronen, Haselsträucher, Walnussbaum

EICHHÖRNCHEN KÖNNEN SEHR ZUTRAULICH WERDEN UND NEHMEN EINE NUSS AUS DER HAND AN.

Eichhörnchen mit Hasel

LEBEN IN BÄUMEN

Vermutlich jeder mag Eichhörnchen: Flink klettert es meist in Spiralen senkrechte Stämme hinauf und kopfvoran auch wieder hinunter, balanciert auf feinen Ästen und springt sogar meterweit von Krone zu Krone. Sein buschiger Schwanz dient ihm dabei als Steuerruder. Dank der langen, scharfen Krallen erklimmt das Eichhörnchen sogar Hauswände, sodass die

GEMEINE HASE

Corylus avellana

- 3–5 m hoher Strauch
- blüht von Februar bis April
- sonniger bis schattiger Standort
- robust, frosthart
- gut geeignet für Hecken, da schnittverträglich, festigt Böschungen
- männliche Blüten als lange Kätzchen, ab August Haselnüsse

Tierchen problemlos auch auf Balkonen auftauchen, etwa um sich dort an ausgelegtem Vogelfutter zu bedienen. Eichhörnchen leben das ganze Jahr über allein. Nur zur Partnersuche ab Januar/Februar liefern sich Männchen und Weibchen rasante Verfolgungsjagden von

Eichhörnchen bedient sich am Vogelfutter ...

Baum zu Baum. Doch nach der Paarung trennen sich die Partner wieder und das Weibchen zieht ein- bis zweimal im Jahr zwei bis fünf Jungen groß.

GEMISCHTKÖSTLER

Anders als viele vermuten, ernährt sich das Eichhörnchen nicht rein vegetarisch: Obwohl Samen von Bäumen wie Eicheln, Nüsse und Bucheckern sowie die in den Fichten- und Kiefernzapfen die Hauptnahrung darstellt, erbeuten sie bei jeder Gelegenheit auch Insekten und deren Larven, Schnecken, ja sogar Vogeleier und junge Vögel. Sie plündern Abfalleimer und Vogelfutterstellen. Eichhörnchen suchen nicht nur am Boden nach Nahrung, sondern vergraben darin im Herbst ebenso Samen und Nüsse als Vorrat für den Winter. Weil sie nicht alle vergrabenen Vorräte auch wiederfinden, wachsen daraus neue Bäume: Auf diese Weise sorgen Eichhörnchen dafür, dass auch ihre Nachkommen in weiter Zukunft genügend Nahrung finden werden. Dank der superscharfen Zähne, die sich bei jedem Gebrauch von selbst schärfen, können Eichhörnchen die härtesten Nüsse öffnen.

MEHRERE KOBEL

Jedes Eichhörnchen besitzt mehrere kugelförmige Nester, das es stets im oberen Kronenbereich dicht am Stamm anlegt. Diese sogenannten Kobel bestehen aus Ästen und Zweigen, sind mit Moos und Gras gepolstert und im Winter mit Blättern isoliert und besitzen zwei Ausgänge. Eichhörnchen ruhen nachts im Kobel, im Winter sogar die allermeiste Zeit darin – er dient aber nicht als Vorratslager. Wenn Eichhörnchen hungrig sind, verlassen sie das ganze Jahr über stets den Kobel. Im Kobel verbringen auch die Jungen die ersten sieben Lebenswochen. Neben altem Baumbestand und nahrungsliefernden Gehölzen (Hasel, Walnuss) können Sie Eichhörnchen auch einen Sepiaschulp aus dem Vogelbedarf als Kalziumlieferant anbieten.

GRAUHÖRNCHEN AUF DEM VORMARSCH

Eine Gefahr droht den Eichhörnchen durch das nordamerikanische Grauhörnchen, das sich in Großbritannien nach mehreren Freilassungen stark ausgebreitet und dabei die heimischen Eichhörnchen verdrängt hat. Derzeit leben in Deutschland noch keine Grauhörnchen, aber in Norditalien haben sie sich schon angesiedelt. Sobald sie von dort aus nordwärts wandern, könnten sie auch bei uns von Süden hereinfallen – mit gravierenden Folgen: Nicht nur die Eichhörnchen würden leiden, sondern ebenso die Bäume in den Wäldern durch massiven Verbiss sowie die Waldvögel. Übrigens handelt es sich bei den grau gestreiften Hörnchen in Freiburg um Sibirische Streifenhörnchen (Burunduk).

... auch in Vogelhäuschen

Siebenschläfer

Der Siebenschläfer verschläft die meiste Zeit des Jahres, nur in Sommernächten fällt er durch sein Poltern auf.

Siebenschläfer

STECKBRIEF

KÖRPERLÄNGE: 13 bis 18 cm, plus 11 bis 15 cm langer Schwanz

MARKANTE MERKMALE: grau-braunes Fell, heller Bauch, große schwarze Augen

ZEITLICHES AUFTRETEN: Mai/Juni bis September/Oktober

ÜBERWINTERUNG: bei uns Winterschlaf von September/Oktober bis Mai/Juni

NAHRUNG: Baumsamen wie Buchecker, Eicheln, Haselnüsse, Kastanien, Knospen, Früchte, Pilze, gelegentlich auch Insekten und deren Larven, Schnecken, Vogeleier, junge Vögel

NOTWENDIGE GARTENSTRUKTUREN: hohlraumreiche Stämme, Nistkasten und offen zugängliche Gebäude, Beerensträucher und Obstbäume, Nistkästen

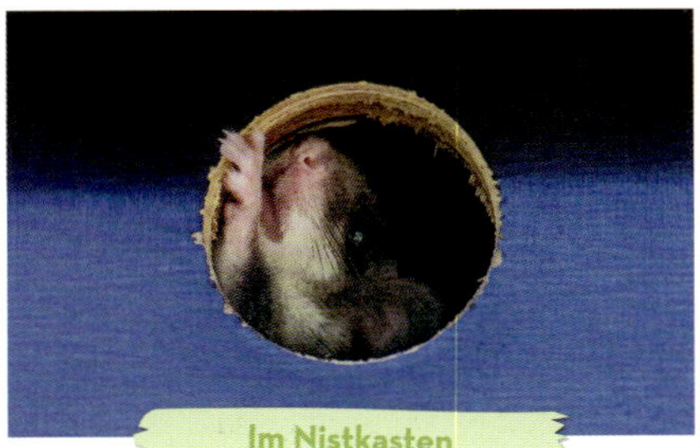
Im Nistkasten

NUR BEI NACHT AKTIV

Siebenschläfer meiden Tageslicht: Sie sind nur nachts aktiv, ihre nächtliche Lebensweise erkennen Sie an den großen Augen und den langen Tasthaaren an der Schnauze. Den Tag über ruhen Siebenschläfer in einer Baumhöhle, im Nistkasten, Schuppen, einer Hütte oder aber in einem kugeligen Nest aus Laub, Moos und Rindenteilen. Siebenschläfer sind sehr ortstreu – wo die Tierchen sich einmal niedergelassen haben, bleiben sie gern und nutzen am liebsten alljährlich denselben vertrauten Nistort wie etwa ein nicht besetzter Nistkasten, Hohlräume in Baumstamm oder Gebäude: Im Lauf des

ZIERAPFEL

Malus

- 4–8 m hoher Strauch oder Kleinbaum
- blüht von April bis Mai
- sonniger, luftiger Standort
- robust, frosthart, vor Wind und Spätfrost schützen
- sehr attraktiv mit üppiger Blüte, gelbe oder rote essbare Früchte

Stachelbeeren, Johannisbeeren und Erdbeeren

BEI DER GERINGSTEN STÖRUNG WARNEN UND DROHEN SIEBENSCHLÄFER MIT LAUTEN PFIFFEN UND TYPISCHEM SURREN.

Augusts werden dort in einem Wurf fünf bis sieben Junge geboren.
Die Jungen kommen nackt, blind und völlig hilflos auf die Welt. Sie werden 30 Tage lang von der Mutter gesäugt. Zwei Wochen später sind sie weitgehend selbstständig. Dann verlassen die jungen Siebenschläfer ihre Eltern. Nun müssen sie reichlich Nahrung zu sich nehmen, um bis zum Winterschlaf in wenigen Wochen ein Mindestgewicht von 60 g zu erreichen: Über in der Nähe des Nistorts ausgelegte süße Früchte, Kastanien, Hasel- und Walnüsse unterstützen Sie die Kleinen, ebenso wenn Sie dort bodennah ein frostsicheres, ungestörtes Schlafquartier einrichten.

MAG ES GERN SÜSS

Siebenschläfer – klein und groß – stehen auf Süßes: Ein Obstgarten mit Erdbeeren, Brombeeren, Himbeeren, Zwetschgen, Birnen, Äpfeln und anderen Früchten ist daher für sie ein Paradies. Dabei wählen sie stets die reifesten und süßesten Früchte. Zum Herbst hin ergänzen nahrhafte Baumsamen, Nüsse und Esskastanien den Speisezettel, denn Siebenschläfer müssen sich dann reichlich Fettreserven anfuttern: Mit rund 200 g Gewicht gehen sie im Lauf des Septembers in den sieben- bis achtmonatigen Winterschlaf, bei dem sie ihre Körperaktivität (Körpertemperatur, Herzschlag, Atmung) stark herunterfahren. Dabei nutzen Siebenschläfer nur selten Baumhöhlen oder Nistkästen dafür, meist suchen sie frostgeschützte Plätze unter Baumstümpfen, zwischen Wurzelwerk von Bäumen, in Felsspalten, auch auf dem Dachboden.

NISTKÄSTEN ANBRINGEN

Wenn Siebenschläfer im Mai/Juni wieder aus dem Winterschlaf erwachen, wiegen sie nur noch 80 g: Nun sind sie ebenfalls auf energiereiche Kost angewiesen, denn der Sommer ist kurz. Dann beginnt auch gleich die anstrengende Fortpflanzungszeit, bei der sich die Partner über durchdringend laute Quiek-, Pfeif- und Fieplaute finden und ähnlich wie Eichhörnchen Verfolgungsjagden veranstalten. Jetzt können Sie helfen: In unseren aufgeräumten Gärten und Landschaften, in denen Altholz rasch beseitigt und jegliche Öffnungen an Gebäuden verschlossen werden, herrscht nämlich akute Wohnraumnot. Finden Siebenschläfer keinen geeigneten Nistplatz, werfen sie notfalls auch eine Meisenfamilie aus dem Nistkasten. Hängen Sie darum speziell für den Siebenschläfer ein oder zwei Nistkästen in der zweiten Aprilhälfte auf.

Haselmaus

Da die Haselmaus im Dunklen aktiv ist, verraten meist nur typische Fraßspuren an Nussschalen ihre Anwesenheit im Garten.

STECKBRIEF

KÖRPERLÄNGE: 6 bis 9 cm, plus 6 bis 8 cm langer Schwanz

MARKANTE MERKMALE: goldrotbraunes Fell, gelblich weißer Bauch, buschiger Schwanz mit schwarzbraunem Ende, große Augen

ZEITLICHES AUFTRETEN: Mai bis September

ÜBERWINTERUNG: bei uns Winterschlaf von Oktober bis April

NAHRUNG: Haselnüsse, Samen, Beeren und andere Früchte, Knospen, Rinde, Blätter, im Sommer gelegentlich Insekten und deren Larven, Schnecken, Würmer

NOTWENDIGE GARTENSTRUKTUREN: reichlich Hasel- und Beerensträucher, dichtes Gebüsch für die Nester, über den Winter bodennahe dichte Pflanzenvegetation und Falllaub erhalten, dichte Reisighaufen anlegen und diese von Oktober bis April ungestört belassen, Haselmauskasten

Haselmaus

Geschickter Kletterer

HASELMÄUSE KÖNNEN SICH AUCH WIE AFFEN HANGELND AUF DÜNNEN ÄSTEN UND ZWEIGEN FORTBEWEGEN.

FLINKER KLETTERER

Die mausgroße Haselmaus ist keine echte Maus, sondern ist wie der Siebenschläfer (siehe Seite 124) ein Bilch. Erst in der Dämmerung und Nacht wird sie aktiv, dann klettert sie flink und geschickt durchs Geäst der Büsche und Bäume auf der Suche nach Nahrung. Am einfachsten können Sie anhand der typischen Fraßspuren nachforschen, ob Haselmäuse in Ihrem Garten leben. Sie nagen nämlich kreisrunde Löcher mit etwa 1 cm Durchmesser in die Schale – an den Kanten dieser Löcher erkennen Sie Nagespuren der Zähne. Zum Vergleich: Mäuse nagen eher ovale Löcher in die Schale, Eichhörnchen halbieren sie und der Haselnussbohrer bohrt ein 1 mm großes Loch hinein.
Vor allem im Herbst kann man die Haselmaus auch tagsüber beobachten, da sie sich nun einen Speckvorrat für den Winter

Himbeeren

anfuttern muss. Wenn sie sich im Oktober dann in ein bodennah angelegtes Nest zwischen dichten Pflanzen, Wurzeln, Falllaub oder Reisig zum Winterschlaf zurückzieht, wiegt sie 30 % mehr als im Sommer. Winterschlafend senkt sie ihre Körpertemperatur ab, reduziert Herzschlag und Atmung. Um so wenig wie möglich Energie zu verbrauchen rollt sie sich zu einer kleinen Kugel zusammen, manchmal teilen sich auch mehrere Haselmäuse ein Winternest und kuscheln sich dicht aneinander. Dennoch zehrt diese Zeit an den kleinen Tieren, denn sie verlieren dabei etwa die Hälfte ihres Körpergewichts.

ABWECHSLUNGSREICHE KOST

Haselmäuse verbrennen viel Energie, da ihr kleiner Körper im Verhältnis zum Volumen eine recht große Oberfläche besitzt. Darum sind sie vor allem auf energiereiche Nahrung scharf: Im Frühjahr nach dem Winterschlaf ernähren sie sich von den übrig gebliebenen Samen, Blatt- und Blütenknospen, auch Vogeleiern. Himbeeren, Brombeeren und viele andere Beeren stehen neben Früchten, Insekten und deren Larven sowie vielen anderen Kleintieren auf dem sommerlichen Speiseplan, im Herbst kommen dann die fettreichen Baumsamen wie Haselnüsse, Esskastanien, Eicheln, Bucheckern usw. hinzu.

KUGELNEST

Haselmäuse bauen sich aus Zweigen, Blättern, Gras und Moos mehrere kugelrunde Nester, die sie im Sommerhalbjahr bis in 2 m Höhe ins Geäst von dichten Büschen hängen und im Winter bodennah platzieren. Im Nest ruhen sie den Tag über, dabei fallen sie im Sommer zeitweise auch in einen sogenannten energiesparenden Torpor mit abgesenkter Körpertemperatur, verlangsamten Herzschlag und Atmung. Zweimal im Jahr kommen im Nest jeweils zwei bis fünf Jungen zur Welt. Haselmäuse nehmen auch Nistkästen an. Um sie in Ihrem Garten zu fördern, können Sie einen Meisennistkasten mit dem Flugloch (Durchmesser 25 mm) umgekehrt in bis zu 2 m Höhe an einen Baumstamm montieren. Dabei gibt es zwischen Stamm und Loch etwa 25 mm Abstand.

BERBERITZE

Berberis vulgaris

- bis 2 m hoher, stacheliger Strauch
- blüht von Mai bis Juni
- sonniger bis halbschattiger Standort
- robust, anspruchslos, frosthart, verträgt Hitze, Wind und Stadtklima
- bedeutende Pflanze für Hecken mit gelben Blüten und roten, essbaren Früchten ab August, schnittverträglich
- Wählen Sie unbedingt stets diese heimische Wildart!

Igel

Nachts zieht der Igel bei der Suche nach Nahrung weit umher, dabei hört man ihn oft schon von Weitem schnaufen und schmatzen.

Braunbrustigel

BRAUNBRUSTIGEL

Unter den über 25 verschiedenen Igelarten ist bei uns der Braunbrust- oder Westigel heimisch. Igel sind recht laute Gesellen – noch mehr nächtlichen Lärm verursachen zwei paarungsbereite Igel – schon mancher Mitbürger hat Einbrecher vermutet und die Polizei alarmiert. Alarmierend ist hingegen die aktuelle Situation des Igels: Nachdem er aus den industriell bewirtschafteten Feld- und Wiesenlandschaften in die Siedlungen verdrängt wurde, sieht es dort mittlerweile für ihn ebenso düster aus – und so steht der Igel bei uns auf der Liste der bedrohten Arten!

STECKBRIEF

KÖRPERLÄNGE: 25 bis 30 cm

MARKANTE MERKMALE: kräftiger Körper mit bis zu 8 000 spitzen, braun geringelten Stacheln, kurze Beine

ZEITLICHES AUFTRETEN: April bis September

ÜBERWINTERUNG: bei uns Winterschlaf von Oktober bis März

NAHRUNG: nur Käfer und andere Insekten, Regenwürmer, Schnecken, im Herbst notgedrungen gelegentlich Obst und Früchte

NOTWENDIGE GARTENSTRUKTUREN: dichtes Gebüsch aus heimischen Wildsträuchern, bodendeckender Efeu, Reisighaufen und Falllaub als Unterschlupf, offen zugängliches Grundstück, Komposthaufen

IGELHILFE

Erstens: Verzichten Sie komplett und alternativlos auf jegliche Insektizide, Herbizide und Schneckenkorn, damit es in Ihrem Garten genügend Kleintiere als wichtige Igelnahrung gibt. Igel fressen nur tierische Beute. Nur in der Not, wenn sie im Herbst noch nicht genügend Fettpolster für den monatelangen Winterschlaf angefuttert haben, müssen sie auch Äpfel, Birnen oder Hagebutten fressen.

VERZICHTEN SIE UNBEDINGT AUF EINEN MÄHROBOTER, SELBST WENN DIESER ALS IGELFREUNDLICH BEZEICHNET WIRD!

Zweitens: Machen Sie aus Ihrem Garten keine Festung. Sorgen Sie am Boden mindestens für mehrere 15 x 15 cm große Durchschlüpfe durch Zaun und Mauer. Drittens: Fördern Sie durch heimische Pflanzen und dem Umwandeln von Rasen in eine Blumenwiese das Vorkommen von Insekten und anderen Kleintieren, auch am Komposthaufen finden Igel Nahrung. Wenn Sie strikt organisch düngen, entwickelt sich im Boden ein reiches Leben an Würmern – ebenfalls Nahrung für Igel. Viertens: Beseitigen Sie Igelfallen. Decken Sie alle Schächte wie etwa zu Kellerfenstern sorgfältig ab! Verkürzen Sie die Stufenhöhe von allen in den Keller führenden Außentreppen mit Ziegelsteinen, damit hinuntergefallene Igel auch wieder herauskommen. Sorgen Sie beim Gartenteich für flache Ausstiege, Igel können schwimmen.

NEST

Igel sind nur bei Dunkelheit unterwegs. Tagsüber ruhen sie in einem nestartig ausgepolsterten Unterschlupf zwischen dichten Wildsträuchern, bodendeckendem Efeu oder Reisig. Verzichten Sie darum auf das Mähen dieser Bereiche, auch nicht mit Motorsense oder Trimmer – Sie könnten dabei einen ruhenden Igel verletzen oder töten. Zwischen Juni und September kommen in solch einem Unterschlupf auch die vier bis fünf, nur 12 bis 25 g schweren Jungtiere zur Welt.

Igelhaus

Igelausstieg aus dem Teich

Nach etwa 25 Tagen verlassen die jungen Igel zum ersten Mal das Nest – nun müssen sie viel fressen, um rechtzeitig vor dem Winterschlaf auf ein Gewicht von mindestens 700 g zu kommen. Für den Winterschlaf richten sich die einzelnen Igel ein mit Blättern gepolstertes Nest unter Falllaub- oder Reisighaufen, ebenso in Schuppen. Sie können ihm auch ein etwa 30 x 20 cm großes Igelhaus oder eine käufliche Igelkuppel einrichten, geben Sie ein paar Hände voll Laubstreu hinein. Einen winterschlafenden Igel dürfen Sie nicht stören!

BLUTS-ROSE

Rosa moyesii

- 1–4 m hoher Strauch
- blüht von Juni bis Juli
- sonniger Standort
- robust, frosthart
- sehr attraktive, ausladend wachsende Rose, trägt wenig Stacheln
- im Herbst übervoll mit orangenen Hagebutten

Fledermäuse

Unter den etwa 30 heimischen Arten kommt die winzige Zwergfledermaus in Gärten am häufigsten vor.

Zwergfledermaus

DIE ZWERGFLEDERMAUS IST SO KLEIN, DASS SIE BEQUEM IN EINER STREICHHOLZSCHACHTEL PLATZ FINDET.

STECKBRIEF

KÖRPERLÄNGE: 3,5 bis 5 cm, Flügelspannweite 18 bis 24 cm

MARKANTE MERKMALE: braun, kleine Ohren

ZEITLICHES AUFTRETEN: Frühling bis Herbst

ÜBERWINTERUNG: bei uns Winterschlaf von Herbst bis Frühjahr

NAHRUNG: Stechmücken, kleine Nachtfalter und andere sehr kleine Insekten

NOTWENDIGE GARTENSTRUKTUREN: naturnah, Bäume und Sträucher als Jagdgebiete, Teich oder Regentonne für Stechmücken, heimische Wildpflanzen mit reichem Insektenleben, offen zugängliche Rollladenkästen, Holzverkleidungen und Zwischendächer oder höhenreiche Kopfweide

EINE DER KLEINSTEN

Mit nur 0,5 cm mehr Körperlänge steht die 4,5 bis 7 g schwere Zwergfledermaus nach der Mückenfledermaus auf Platz 2 der kleinsten heimischen Fledermäuse. Die daumengroße Zwergfledermaus zwängt sich im Sommerhalbjahr von außen in engste Spalten von Mauern, Fassaden, Rollladenkästen, auch in hohle Obstbäume und Kopfweide (diese unbedingt stehen lassen). Optimal sind so enge Hohlräume, dass die Tiere mit Rücken und Bauch Kontakt zu den Wandungen haben. Darin bilden bis zu 100 Weibchen eine kleine Wochenstubenkolonie, in der jedes ein bis zwei Jungen gebärt. Tagsüber ruhen die Fledermäuse im Quartier. Sie verlassen es, sobald die Sonne untergeht – jedoch nur bei trockenem Wetter. Regnet es, so verzichten sie auf die Jagd.

ACHTKERZE

Oenothera iennis

- bis zu 1 m hohe zweijährige Pflanze
- blüht von Juni bis August
- sonniger Standort
- robust, frosthart
- Blütenpflanze mit attraktiven gelben Blüten, die sich abends mit einem „Plopp" öffnen, auch für Gemüsegärten und Fuß von Trockenmauern
- blüht erst im zweiten Jahr, sät sich selbst aus

Türkenbundlilie

Nachtviole

IM SCHNELLEN ZICKZACKFLUG

Zwergfledermäuse erbeuten kleine Insekten im schnellen Flug um Bäume und Sträucher, auch um Straßenlampen. Damit scheinen künstliche Lichtquellen vorteilhaft zu sein – dies war jedoch nur kurzfristig der Fall. Mittlerweile sind auch die Bestände der nachtaktiven Insekten wie Mücken und Nachtfalter dermaßen zurückgegangen, dass heutzutage kaum noch ein Insekt um die Lichtquellen fliegt. In einer Nacht kann eine Zwergfledermaus bis zu 1 000 Stechmücken, die in Teichen und Regentonnen gedeihen, verzehren. Oder Sie pflanzen verschiedene nachtduftende Blumen wie Stauden-Phlox, Seifenkraut, Duftlevkoje, Lichtnelken, Nachtkerzen, Nachtviole, Türkenbundlilie sowie Sträucher mit nachtduftenden Blüten wie Mondwinde, Jasmin und Wald-Geißblatt, die Nachtfalter anlocken. Hat sich eine Fledermaus in ein Zimmer verirrt, so öffnen Sie einfach das Fenster – dann fliegt die völlig harmlose Fledermaus von allein wieder ins Freie.

WINTERSCHLAF

Im Herbst gehen Zwergfledermäuse schon in der Dämmerung auf Jagd, da sie sich Fettreserven für den Winterschlaf anfressen müssen. Sobald die Tage kürzer werden, verlassen die Zwergfledermäuse das Sommerquartier und suchen hinter Verkleidungen, in Fels- und Mauerspalten, Holzstößen und Höhlen, auch hinter Bildern in Kirchen ein frostsicheres Quartier für den Winter. Dort halten sie einen echten Winterschlaf mit abgesenkter Körpertemperatur.

KEINE INSEKTIZIDE UND HERBIZIDE

Verzichten Sie ausnahmslos auf den Einsatz von Insektiziden und Herbiziden, um die natürliche Besiedlung Ihres Gartens mit heimischen Pflanzen und Tieren zu fördern. Verwenden Sie auch strikt keine giftigen Holzschutzmittel. Das kommt nicht nur der Zwergfledermaus zugute, sondern auch den anderen Fledermausarten in den Siedlungen, wie Wasserfledermaus, Großem Mausohr, Großem Abendsegler, Mücken-, Rauhaut-, Weißrand-, Breitflügel-, Nord- und Zweifarbenfledermaus sowie Braunem und Grauem Langohr.

Zauneidechse und Blindschleiche

Zauneidechsen und Blindschleichen kommen gern in unsere Gärten: Während es die Eidechsen sonnig-warm mögen, sind Blindschleichen eher Schattentiere.

STECKBRIEF Zauneidechse

KÖRPERLÄNGE: bis zu 25 cm

MARKANTE MERKMALE: braun mit hellen Längsstreifen und dunklen Flecken; Männchen grüne Flanken

ZEITLICHES AUFTRETEN: März bis Oktober

ÜBERWINTERUNG: bei uns Winterruhe in Kältestarre November bis März

NAHRUNG: Heuschrecken, Zikaden, Käfer, Wanzen, Ameisen und andere Insekten, Spinnen

NOTWENDIGE GARTENSTRUKTUREN: sonnig-warmer Hang mit spaltenreiche Trockenmauer, Stein- oder Holzhaufen, verfilztes Altgras, Büsche, lockerer sandiger Boden für die Eiablage, heimische Gräser, Blumen und Sträucher

STECKBRIEF Blindschleiche

KÖRPERLÄNGE: bis zu 30 cm

MARKANTE MERKMALE: schlangenförmiger, hellbraun bis golden glänzender Körper

ZEITLICHES AUFTRETEN: März bis Oktober

ÜBERWINTERUNG: bei uns Winterruhe in Kältestarre November bis März

NAHRUNG: Nacktschnecken, unbehaarte Raupen, Regenwürmer, Asseln, Heuschrecken, Käfer, Zikaden, Wanzen, Ameisen, Spinnen

NOTWENDIGE GARTENSTRUKTUREN: Holz-, Laub- und Steinhaufen, Moospolster, verrotteter Baumstumpf und Baumwurzeln, verkrautete Beet- und Wegränder, Komposthaufen

DIE WÄRMELIEBENDE

Zauneidechsen brauchen sonnig-offene Flächen, an denen sie ihren Körper beim Sonnenbaden aufheizen können. Zudem muss es genügend Spalten und Ritze geben, in die sie bei der geringsten Störung fliehen können. Dort ruhen sie auch bei Nacht. Rund um diesen Steinhaufen oder die sanft ansteigende Trockenmauer wachsen heimische Gräser, Blumen und Sträucher, die ein reiches Insekten- und Spinnenleben als Nahrung gewährleisten. Verzichten Sie bei der Bepflanzung einer Trockenmauer auf Blaukissen und andere Blumen, die Mauer und Steinhaufen rasch überwuchern; wählen Sie stattdessen lieber langsam wachsenden heimischen Mauerpfeffer. Am Fuß von Steinhaufen oder Trockenmauer richten Sie einen sonnigen Bereich mit lockerem Sand- und Erdboden ein, in dem die Weibchen im Juni/Juli ein- bis zweimal je etwa zehn Eier ablegen können. Die hellbraunen Jungtiere schlüpfen – je nach Wärme – im August/September.

Beeteinfassung mit Naturstein

Trockenmauer mit Mauerpfeffer

ICH SCHREIBE ES UNGERN: HAUSKATZEN SIND DIE GRÖSSTEN FEINDE DIESER REPTILIEN – WO KATZEN UMHERSTREIFEN, KÖNNEN SICH KEINE EIDECHSEN UND BLINDSCHLEICHEN HALTEN.

DIE SCHATTENLIEBENDE

Blindschleichen, die keine Schlangen, sondern beinlose Eidechsen sind, nehmen auch gern ein Sonnenbad – dafür wählen sie gern steinige Trittplatten und Wege. Achten Sie daher unbedingt beim Befahren auf diese harmlosen heimischen Reptilien! Aber anders als Zauneidechsen sind sie gern in der Dämmerung dort unterwegs, wo es feuchter ist. Sie jagen langsame Kleintiere zwischen hohem Gras und dichter Blumenwiese: Daraus folgt die nächste Vorsichtsmaßnahme beim Umgang mit Mähgeräten, denen viele Blindschleichen zum Opfer fallen. Auch der Komposthaufen ist ein hervorragendes Jagdgebiet für Blindschleichen! Zum Ruhen ziehen sie sich in kühle Spalten von Holz- und Steinhaufen sowie zwischen verrottende Baumstümpfe, unter Wurzeln und Moospolster zurück. Im Winter graben sie sich darunter in den Boden ein.

MAUERPFEFFER

Sedum rupestre

- bis zu 20 cm hohe Staude
- blüht von Juni bis Juli
- sonniger Standort
- robust, anspruchslos, frosthart
- sehr attraktive gelbe Blütenpflanze für karge, trockene, steinige Plätze in Trockenmauern, auf Steinhaufen, in Pflanzgefäßen, befestigt Böschungen

EIN PLÄTZCHEN FÜR BEIDE

Ein größerer, spaltenreicher Steinhaufen wird zum Refugium von Zauneidechsen und Blindschleichen. Auf der Südseite gibt es reichlich sonnenbeschienene Flächen zum Sonnenbaden für beide, auf der Nordseite spenden verkrautete Bereiche und stehengebliebene Altgräser schattig-feucht-kühle Plätze für die Blindschleichen.

NATÜRLICH GIFTFREI

Zauneidechsen und Blindschleichen reagieren auf jeglichen Gifteinsatz: Insektizide töten ihre Nahrungsquellen ab, Schneckengifte zielen auf eine wichtige Beute der Blindschleichen und beim Ausbringen von Herbiziden kommen sie nicht nur in direkten Kontakt mit den Giften, sondern leiden auch durch den Verlust an Lebensraum für Insekten und Spinnen. Ein giftfreier, naturnah bewirtschafteter Garten ist ein alternativloses Muss: Darin hat das natürliche Wachstum heimischer Pflanzen eine Chance und weniger Pflege ist mehr. Genießen Sie statt Mähen und Aufräumen die Vielfalt der heimischen Tiergäste!

Kröten, Frösche, Molche

In naturnahen Gärten können Erdkröte und Grasfrosch ein Auskommen haben – und sogar Molche vorkommen.

Grasfrosch

Erdkröte

Bergmolch

STECKBRIEF

ZEITLICHES AUFTRETEN: März bis Oktober/November

ÜBERWINTERUNG: bei uns Oktober/November bis Februar/März in Erdspalten, unter Wurzelstock, Falllaub-, Reisig- und Steinhaufen

NAHRUNG: Insekten und deren Larven, Spinnen, Asseln, Tausend- und Hundertfüßer, Schnecken, Würmer

NOTWENDIGE GARTENSTRUKTUREN: naturnaher, pflanzenreicher Teich, Holz-, Laub- und Steinhaufen, Moospolster, verrotteter Baumstumpf und Baumwurzeln, verkrautete Beet- und Wegränder, Komposthaufen

ERDKRÖTE

Die meiste Zeit des Jahres leben die bis zu 10 cm langen bräunlichen Erdkröten mit warziger Haut an Land – nur zur Ablage des Laichs suchen sie Ende März/Anfang April das Gewässer wieder auf, in dem sie einst selbst als Kaulquappe gelebt haben. Sofort danach entfernen sie sich bis zu 2 km von diesem Gewässer. Dort, wo sie feucht-kühle Verstecke wie lockere Holz- oder Steinhaufen, spaltenreiche Baumstümpfe und -wurzeln für den Tag und die Winterruhe finden, siedeln sie sich an – das kann auch Ihr Garten sein. Nachts jagen sie dann Käfer, Ameisen, Spinnen, Asseln, Tausendfüßer und Regenwürmer zwischen dichter Vegetation, auch rund um den Komposthaufen.

GRASFROSCH

Anders als die grünen Teichfrösche besucht der braune, bis zu 10 cm lange Grasfrosch nur zum Laichen ein Gewässer: Er ist der erste Frosch des Jahres, der sich schon im Februar für kurze Zeit im Teich aufhält. Da er nur leise knurrt, nimmt man ihn kaum wahr. Den Rest des Jahres verbringt er in feuchten Landlebensräumen, auch in eher feuchten Gärten mit reichlich Unterwuchs. Er überwintert wie die Erdkröte in Kältestarre an frostgeschützten Plätzen unter Steinen, Holzhaufen, Wurzeln und ähnlichem im Erdboden.

TEICH- UND BERGMOLCH

Diese beiden bis zu 12 cm langen Molche nutzen gern wasserpflanzenreiche Gartenteiche, in denen sie sich im Frühjahr bis in den Sommer hinein aufhalten. Auch frisch angelegte werden rasch besiedelt. Während der Teichmolch gern im offenen Wasser schwimmt, hält sich der buntere Bergmolch lieber verborgen am Gewässergrund auf. Beide Molche legen ihre bis zu 300 Eier einzeln an den Blättchen von Hornblatt, Bachbungen-Ehrenpreis, Sumpf-Vergissmeinnicht und anderen Wasserpflanzen ab. Damit diese erhalten bleiben, verzichten Sie auf gefräßige Gold- und andere Zierfische. Im Lauf des Sommers verlassen die erwachsenen Molche das Gewässer und leben an Land: Dazu wechseln sie auch von der bunten, flossensaumreichen Wasser- zur schlicht bräunlichen Landtracht. Den Winter verbringen Molche in ufernahen Erdspalten oder unter Reisig-, Holz-, Stein- oder Falllaubhaufen.

NATÜRLICHE UNORDNUNG IST DAS NEUE ORDENTLICH!

SUMPF-VERGISSMEINNICHT

Myosotis palustris

- 20–40 cm hohe Sumpfpflanze
- blüht von Mai bis August
- sonniger bis halbschattiger, dauerfeuchter Standort
- robust, anspruchslos, frosthart
- hübsche Blütenpflanze für staunasse Plätze, Teichrand und Flachwasserzone mit bis zu 10 cm überflutetem Boden Ausbreitungsfreudig dank reichlich Samenbildung

KEIN GIFT!

Kröten, Frösche und Molche ernähren sich von Insekten, Spinnen und anderen Kleintieren. Das Vorkommen dieser Tiere fördern Sie durch den Verzicht auf jegliche Gifte – auch Kunstdünger. Ebenso durch das strikte Düngen mit organischen Materialien wie Kompost und Mulchen sowie dem Erhalt und Einrichten von wilden Ecken mit heimischen Wildkräutern (Unkräuter), Wildblumen und Wildsträuchern. Die absolut reduzierte Pflege nach dem Vorbild der Natur ist dabei ein Muss.

STECKBRIEFE WICHTIGER GARTENPFLANZEN

Name	Botan. Name	Höhe, Wuchs	Blütezeit	Standort	Pflege	Interessantes
GEHÖLZE (BÄUME, STRÄUCHER, KLETTERPFLANZEN)						
Besenginster	*Cytisus scoparius*	bis zu 2 m hoher Strauch	Mai bis Juni	sonnig-warm	nicht windfest, staunässeempfindlich	festigt Böschungen auf trocken-magerem Boden, sehr attraktiv
Besenheide, Heidekraut	*Calluna vulgaris*	10 bis 30 cm hoher Zwergstrauch	Juli bis Oktober	sonnig bis halbschattig	robust, anspruchslos, frosthart	Wildart wählen, da Kultursorten sehr lange im Knospenstadium verweilen und nicht aufblühen, jährlich stark zurückschneiden, saurer Boden, sehr attraktiv
Birne (Kulturbirne, Holzbirne/Wildbirne)	*Pyrus communis, P. pyraster*	bis zu 15 m hoher Baum	April bis Mai	sonnig bis halbschattig, warm	robust, frosthart, hitzeverträglich, für Stadtklima geeignet	sehr attraktiver Hausbaum das ganze Jahr über, essbare Früchte, Befruchtersorte dazu pflanzen
Blauglockenbaum	*Paulownia tomentosa*	10 bis 15 m hoher Baum	April bis Mai	sonnig-warm	nur für wintermilde Gebiete, kälteempfindlich	im Frühjahr wunderschön durch übervoll mit blau-violetten Blüten besetzte Krone
Deutzie	*Deutzia-Arten*	2 bis 4 m hoher Strauch	Mai bis Juni	sonnig bis halbschattig	robust, anspruchslos, frosthart	aufrechter Wuchs, süßlich duftende Blüten
Echtes Geißblatt, Jelängerjelieber	*Lonicera caprifolium*	bis zu 2 m hohe Kletterpflanze	Mai bis Juli	sonnig bis halbschattig	robust, anspruchslos, frosthart	sehr attraktiv mit duftenden Blüten, begrünt Fassaden, Balkon, Pergola und Zäune, Wurzelbereich sollte im Schatten liegen
Flieder	*Syringa vulgaris*	2 bis 6 m hoher Strauch	April bis Juni	sonnig	robust, anspruchslos, frosthart	nur zur Blütezeit attraktiv durch duftende Blütentrauben
Kiwi	*Actinidia arguta*	bis zu 10 m hohe Kletterpflanze	Juni	sonnig	hitzeverträglich, frosthart, für Stadtklima geeignet, sehr schnittverträglich	an stabiles Rankgerüst pflanzen, zweihäusig (männliche und weibliche Pflanze setzen), jährlich kräftig zurückschneiden, essbare Früchte ab dem 7. Standjahr
Mispel	*Mespilus germanica*	2 bis 5 m hoher Strauch	Mai bis Juni	sonnig bis halbschattig	robust, anspruchslos, frosthart	breit ausladender, auch krummer Wuchs, ab September bis zu 3 cm große, essbare Apfelfrüchte
Schwarze Johannisbeere	*Ribes nigrum*	bis zu 100 cm hoher Strauch	April bis Mai	halbschattig	robust, anspruchslos, frosthart	sehr attraktiv, essbare Früchte (Cassis), braucht stets genügend Wasser
Sommerflieder, Schmetterlingsstrauch	*Buddleja davidii*	2 bis 4 m hoher Strauch	Juli bis September	sonnig bis halbschattig	robust, anspruchslos, frosthart	aus China stammend, sehr invasiv – darum unbedingt abgeblühte Rispen sofort konsequent abschneiden
Stechpalme	*Ilex aquifolium*	100 cm bis 5 m hoher Strauch	Mai bis Juni	halbschattig bis schattig	robust, anspruchslos, frosthart	immergrün, dicht buschiger Wuchs, stachelspitzige Blätter, intensiv duftende Blüten, ab September rote, giftige Früchte
Wald-Geißblatt	*Lonicera periclymenum*	bis zu 3 m hohe Kletterpflanze	Mai bis Juli	halbschattig	robust, anspruchslos, frosthart, windempfindlich	sehr attraktiv mit duftenden Blüten, begrünt Fassaden, Balkon, Pergola und Zäune
Winterjasmin	*Jasminum nudiflorum*	2 bis 3 m hoher Strauch	Dezember bis April	sonnig bis schattig	robust, anspruchslos, frosthart	aus Ostasien stammend, ein Hingucker im winterlichen Garten
Zwetschge	*Prunus domestica*	bis zu 15 m hoher Baum	April bis Mai	sonnig, warm	robust	schöner Hausbaum, geeignete Sorte wählen, ab August essbare Früchte

Name	Botan. Name	Höhe, Wuchs	Blütezeit	Standort	Pflege	Interessantes
KRAUTIGE PFLANZEN: BLUMEN, STAUDEN, KRÄUTER						
Astern, Herbstastern: Glattblatt- und Raublattastern	*Aster novi-belgii, A. novae-angliae*	bis zu 180 cm hohe Stauden	August bis Oktober	sonnig bis halbschattig	robust, anspruchslos, frosthart	sehr attraktive Stauden mit unzähligen Blüten, gehört in jeden Garten
Blaustern	*Scilla bifolia*	bis zu 20 cm hohe Zwiebelblume	März bis April	sonnig bis halbschattig, warm	robust, anspruchslos	bildet im Frühjahr Blütenteppiche mit unzähligen blauen Glöckchenblüten
Blutweiderich	*Lythrum salicaria*	bis zu 70 cm hohe Staude	Juni bis September	sonnig	robust, anspruchslos, frosthart	wunderschöne purpurrosa Blütenpflanze für feuchte Plätze am Teichrand oder im Sumpfbeet
Borretsch	*Borago officinalis*	bis zu 50 cm hohe Einjährige	Mai bis September	sonnig	robust, anspruchslos	samt sich von selbst aus, sehr attraktiv, essbar
Christrose	*Helleborus niger*	bis zu 20 cm hohe Staude	Februar bis April	halbschattig	robust, anspruchslos, frosthart	sehr attraktiv unter Gehölzen, langlebig, auch für luftfeuchte, sonnige Plätze
Duftnessel	*Agastache-Arten*	50 bis 90 cm hohe Staude	Juli bis September	sonnig	anspruchslos, winterfest, verträgt keine Staunässe	dekorativ blühende, duftende Blütenpflanze ohne Ausbreitungsdrang
Echte Goldrute	*Solidago virgaurea*	60 bis 100 cm hohe Staude	Juli bis Oktober	sonnig bis halbschattig	robust, anspruchslos, frosthart	hübsche heimische Wildstaude, auf nordamerikanische Goldrutenarten (*S. canadensis, S. gigantea*) verzichten
Echtes Lungenkraut	*Pulmonaria officinalis*	10 bis 40 cm hohe Staude	März bis Mai	halbschattig	robust, anspruchslos, frosthart	dekorative, borstig behaarte Wildpflanze, Blütenfarbe wechselt von rosa nach blau
Echtes Mädesüß	*Filipendula ulmaria*	bis zu 100 cm hohe Staude	Juni bis August	sonnig bis halbschattig	robust, anspruchslos, frosthart	filigrane Pflanze mit weißen, duftenden Blütenbüscheln, für frische bis feuchte Stellen am Teichrand oder im Sumpfbeet
Fackellilie	*Kniphofia-Arten*	bis zu 120 cm hohe Staude	August bis Oktober	sonnig-warm	braucht Winterschutz	horstartige Pflanze mit hoch herausragenden Blütenkerzen
Färber-Hundskamille	*Anthemis tinctoria*	bis zu 40 cm hohe Staude	Juli bis September	sonnig	robust, anspruchslos, frosthart	gelber Korbblütler, breitet sich von selbst an zusagenden Stellen (mager, sandig, durchlässig) aus
Fenchel	*Foeniculum vulgare*	40 cm bis 2 m hohe, krautige Pflanze	Juli bis August	sonnig	anspruchslos, winterfest	sehr attraktiv, hohe, filigrane Pflanze mit intensivem Duft, essbar
Flockenblume	*Centaurea-Arten*	30 bis 90 cm hohe Staude	Mai bis Oktober	sonnig	anspruchslos, winterfest	dauerblühende Wiesen-, Berg- und Skabiosen-Flockenblume, sät sich selbst aus
Gemeiner Natternkopf	*Echium vulgare*	bis zu 70 cm hohe Zweijährige	Juni bis Juli	sonnig	robust, anspruchslos, frosthart	herrlich blau blühende Wildpflanze, für magere, sandig-kiesige Plätze wie Dachgarten und Sandflächen
Große Brennnessel	*Urtica dioica*	bis zu 100 cm hohe Staude	Juni bis Oktober	sonnig bis halbschattig	robust, anspruchslos, frosthart	in versenktem Gefäß kultivieren, da sie zum starken Ausbreiten neigt, essbar
Herbst-Sonnenbraut	*Helenium autumnale*	80 bis 100 cm hohe Staude	Juni bis Oktober	sonnig	robust, anspruchslos, frosthart	kräftig leuchtend gelbe Präriestaude

STECKBRIEFE WICHTIGER GARTENPFLANZEN

Name	Botan. Name	Höhe, Wuchs	Blütezeit	Standort	Pflege	Interessantes
Hopfen	*Humulus lupulus*	bis zu 6 m hohe Kletterpflanze	Juli bis August	sonnig bis halbschattig	robust, anspruchslos, frosthart, verträgt Hitze	schnellwüchsig, rankend an Rankgerüst, Pergola, Mauern und Zäune
Klee: Rot-Klee, Weiß-Klee	*Trifolium pratense, T. repens*	bis zu 20 cm hohe Staude	Mai bis Oktober	sonnig bis halbschattig	robust, anspruchslos, frosthart	ein Muss für jeden Garten, auch als Gründünger geeignet, Wurzeln lockern den Boden bis zu 2 m tief
Krokus	*Crocus*-Arten wie *C. tommasinianus*	bis zu 10 cm hohe Zwiebelblume	Februar bis März	sonnig	robust, anspruchslos, frosthart	erster Blühhöhepunkt im Frühlingsgarten auf allen freien Flächen, Wildarten vermehren sich durch Samen oder Brutknöllchen
Kugeldistel	*Echinops*-Arten	60 bis 100 cm hohe Staude	August bis September	sonnig	für warme Plätze	sehr attraktiv, unzählige Blüten in kugeligen Ständen, bilden attraktive Fruchtstände
Löwenmaul	*Antirrhinum majus*	20 bis 120 cm hohe Staude	Juni bis September	sonnig	robust, anspruchslos	Bauerngartenpflanze, wird meist einjährig kultiviert
Luzerne	*Medicago sativa*	bis zu 100 cm hohe Staude	Juni bis September	sonnig bis halbschattig	robust, anspruchslos	hübsche Kleepflanze, Gründüngungspflanze mit tiefreichendem Wurzelwerk
Majoran	*Origanum majorana*	bis zu 80 cm hohe Staude	Juni bis September	sonnig, warm	kälteempfindlich	mediterrane Würzpflanze mit lieblichem Aroma, wird meist einjährig kultiviert
Mohn, Klatschmohn	*Papaver rhoeas*	20 bis 90 cm hohe Ein- oder Zweijährige	Mai bis Juli	sonnig, warm		tiefrot blühende Pflanze für trocken-steinige oder -sandige Plätze
Nachtviole	*Hesperis matronalis*	60 bis 70 cm hohe, kurzlebige Staude	Mai bis August	sonnig bis halbschattig	robust, anspruchslos, frosthart	hübsche, rund um die Uhr duftende Pflanze, sät sich leicht selbst aus
Nickende Distel	*Carduus nutans*	bis zu 70 cm hohe Zweijährige	Juni bis August	sonnig	robust, anspruchslos, frosthart	sehr attraktiv, für trockene, auch steinige Böden, macht sich gut in Blumenwiesen, sät sich selbst aus; Acker-, Sumpf- und Kratz-Disteln sind weitere ökologisch wertvolle Disteln
Oregano, Echter Dost	*Origanum vulgare*	40 bis 50 cm hohe Staude	Juli bis Oktober	sonnig, warm	robust, anspruchslos	heimische Würzpflanze für trocken-steinige Plätze, sät sich selbst aus
Pastinake	*Pastinaca sativa*	30 bis 120 cm hohe Zweijährige	Juli bis September	sonnig, warm	robust, anspruchslos	Wiesen- und Nutzpflanze, ab Oktober im 2. Jahr erntereife Wurzeln
Pelargonie	*Pelargonium*-Arten	bis zu 100 cm hohe Einjährige oder Stauden	Mai bis Oktober	sonnig, warm	nicht winterhart	Balkon- und Kübelpflanze in vielen Arten
Garten-Petunie	*Petunia x hybrida*	20 bis 70 cm hohe Einjährige	Mai bis Oktober	sonnig, auch halbschattig	reichlich gießen, mag keine Staunässe	Zier- und Balkonpflanze in vielen Sorten, blüht unermüdlich
Phlox, Flammenblume, Stauden-Phlox	*Phlox paniculata*	50 bis 120 cm hohe Staude	Juni bis September	sonnig bis halbschattig	robust, anspruchslos, frosthart	Blütenpflanze mit aufrechtem Wuchs
Ringelblume	*Calendula officinalis*	bis zu 30 cm hohe Einjährige	Juni bis Oktober	sonnig	robust, anspruchslos	bildet unermüdlich blühende Teppiche, samt sich von selbst aus, wehrt Wurzelälchen ab, Heilpflanze

Name	Botan. Name	Höhe, Wuchs	Blütezeit	Standort	Pflege	Interessantes
Echtes Seifenkraut	*Saponaria officinalis*	bis zu 40 cm hohe Staude	Juni bis September	sonnig	robust, anspruchslos, frosthart	attraktive, vor allem nachts duftende Blütenpflanze
Sonnenblume	*Helianthus annuus*	bis zu 2 m hohe Einjährige	Juli bis September	sonnig	reichlich gießen, vor allem hohe Sorten windempfindlich	niedrige bis hohe Sorten, essbare Samen (Sonnenblumenkerne)
Sonnenhut	*Rudbeckia maxima*	2 bis 3 m hohe Staude	August bis September	sonnig, auch halbschattig	robust, anspruchslos, frosthart	sehr schöne, hohe Blütenpflanze für den Hintergrund
Storchschnabel	*Geranium-Arten*	bis zu 30 cm hohe Staude	Mai bis Juli	sonnig bis halbschattig	robust, anspruchslos, frosthart	hübsche Blüten, guter Bodendecker oder als Unterpflanzung von Gehölzen
Tabak, Ziertabak	*Nicotiana x sanderae*	50 bis 80 cm hohe Einjährige	Juni bis September	sonnig bis halbschattig	anspruchslos	Balkon- und Kübelpflanze in vielen Sorten
Thymian	*Thymus pulegioides*	bis zu 10 cm hohe Staude	Juni bis August	sonnig	robust, anspruchslos, frosthart	Polsterpflanze für magere, sandige Plätze, Bodendecker, Würzkraut
Tulpe	*Tulipa-Arten*	15 bis 70 cm hohe Zwiebelblume	April bis Mai	sonnig bis halbschattig	robust, anspruchslos, frosthart	Frühjahrsboten in vielen Arten, Hybriden und Sorten
Verbene, Eisenkraut	*Verbena officinalis*	20 bis 75 cm hohe Pflanze	Mai bis Oktober	sonnig	robust, anspruchslos, frosthart	filigrane, heimische Wildpflanze
Weidenröschen	*Epilobium angustifolium*	50 bis 150 cm hohe Staude	Juni bis August	sonnig bis halbschattig	robust, anspruchslos, frosthart	attraktive Blütenpflanze
Weiße Lichtnelke	*Silene latifolia*	30 bis 120 cm hohe Ein- oder Zweijährige	Juni bis August	sonnig	robust, anspruchslos, frosthart	als typische Nachtfalterblume öffnen sich die duftenden Blüten erst am Nachmittag
Wiesen-Witwenblumen	*Knautia arvensis*	30 bis 80 cm hohe Staude	Juli bis August	sonnig	robust, anspruchslos, frosthart	typische Wiesenblume
Winterling	*Eranthis hyemalis*	5 bis 20 cm hohe Knollenblume	Februar bis März	halbschattig	robust, anspruchslos, frosthart	einer der ersten Frühlingsblüher im Garten
Ysop	*Hyssopus officinalis*	bis zu 60 cm hoher Halbstrauch	Juli bis Oktober	sonnig, warm	Winterschutz in nicht wintermilden Gebieten	dekorative blau-violett blühende Würzpflanze
Zinnie	*Zinnia elegans*	30 bis 90 cm hohe Einjährige	Juli bis Oktober	sonnig		Zierpflanze für Balkon und Garten in vielen Sorten
MEHRJÄHRIGE GRÄSER						
Haar-Hainsimse	*Luzula pilosa*	15 bis 40 cm hohes Gras	März bis Mai	schattig	robust, anspruchslos, frosthart	attraktives, heimisches Gras für den Schattengarten
Pfeifengras	*Molinia caerulea*	50 bis 100 cm hohes Gras	Juli bis September	halbschattig	robust, anspruchslos, frosthart	bildet dichte Horste, aufrechte Halme, für feuchte Stellen
Rohr-Schwingel	*Festuca arundinacea*	50 cm bis 2 m hohes Gras	Juni bis August	sonnig	robust, anspruchslos, frosthart	hohes Gras für feuchte Plätze

REGISTER

Fette Seitenzahlen verweisen auf Abbildungen.

Alle Angaben in diesem Buch sind sorgfältig geprüft und geben den neuesten Wissensstand bei der Veröffentlichung wieder. Da sich das Wissen aber laufend in rascher Folge weiterentwickelt und vergrößert, muss jeder Anwender prüfen, ob die Angaben nicht durch neuere Erkenntnisse überholt sind. Dazu muss er zum Beispiel Beipackzettel zu Dünge-, Pflanzenschutz- bzw. Pflanzenpflegemitteln lesen und genau befolgen sowie Gebrauchsanweisungen und Gesetze beachten. Die Blütenfarben sind sortenabhängig, daher können auch Farben auf dem Markt sein, die im Buch nicht genannt werden. Die Blütezeiten sind ebenfalls sortenabhängig, aber auch klima- und standortabhängig. Die angegebenen Wuchshöhen und -breiten der Pflanzen sind Mittelwerte. Sie können je nach Nährstoffgehalt des Bodens variieren. Verschiedene Sorten können deutlich größer oder auch kleiner wachsen als die Art.

BILDNACHWEIS

Mit 275 Farbfotos von

Adobe Stock (18): /Andrea S. 6 li, /Stef Bennett S. 10 li, /Christine Kuchem S. 11 li, 13 (Kreis), /Lukas Zdrazil S. 14 o, /Carola Schellekens S. 18 o, /Martin Grimm S. 20, /Schmutzler-Schaub S. 21 uli, /Savo Illic 24 li, /schankz S. 25 li, /M. Schuppich S. 25 re (Kreis), /audaxi S. 28 re, /Melanie Hobson S. 29 ure (Kreis), /Rafail S. 85 ure, /lenic S. 86 re, /Schmutzler-Schaub S. 106 o, /Premium Stock Photography GmbH 110 li, /Naturepix S. 110 re; **Alamy Stock Photo (8):** /Zoonar GmbH, Karin Jähne S. 44 li, /Malcolm Richings S. 52, /Nature Picture Library S. 68, /Lee Dalton S. 84 li, /Nick Upton S. 85 o, /Roger Parkes S. 87 li beide, /imageBROKER S. 112 li; **Botanikfoto (4):** /Steffen Hauser S. 19 li, 25 mi, /Hans-Roland Müller S. 37 oli, /Steffen Hauser S. 65 mi; **Flora Press (71):** /Karin Goldbach S. 2 oli, /BIOSPHOTO, Frederic Desmette S. 2 ore, /FLPA Images of Natur S. 2 u beide, /Evi Pelzer S. 4 li, /Edition Phönix S. 4 re, /Ute Klaphake S. 5 re, /BIOSPHOTO, Frederic Desmette S. 8, /Buiten-Beeld, Michiel Schaap S. 12, /Martin Hughes-Jones S. 13 li, /Evi Pelzer S. 13 re, /GWI S. 16 li, /Gudrun Peschel S. 29 mi, /BIOSPHOTO S. 32 re, /Jürgen Becker S. 33 re, /Evi Pelzer S. 35 u, /gartenfoto.at S. 37 re, /Stephan Rech S. 38 re, /Redeleit&Junker, U. Niehoff S. 39 li (Kreis), /BIOSPHOTO S. 42 li, /Arnaud Descat S. 43 li, /Bildagentur Beck S. 43 re, /Nature In Stock, Remco van Daalen S. 46 re, /Stephan Rech S. 50 u, /Botanical Images S. 51 u, /Bildagentur Beck S. 53 li, /Ute Klaphake S. 53 re, /gartenfoto.at S. 54 re, /FLPA Images of Nature S. 58, /gartenfoto.at S. 61 mi, /Jürgen Becker S. 61 re, /FocusOnGarden, Ursel Borstell S. 65 li, /FocusOnGarden, Sibylle Pietrek S. 72 u, /Visions S. 75 li, /BIOSPHOTO, Michel Rauch S. 75 mi, /Visions S. 77 o, /Rosalind Simon S. 77 u, /Barbara Ellger S. 81 mi, /Liz Eddison S. 82 re, /Ursula Pechloff S. 83, /Visions S. 84 re, /Evi Pelzer S. 85 uli, /FLPA Images of Natur S. 86 li, /FocusOnGarden/Jürgen Becker S. 87 re, /gartenfoto.at S. 89 li, /Ute Klaphake S. 89 mi, /gartenfoto.at S. 94 o, /Otmar Diez S. 98 li, /gartenfoto.at S. 99 o, /Derek Harris S. 99 u, /BIOSPHOTO, Joël Bricout S. 100 re, /Christine Ann Föll S. 101 o, /FLPA Images of Nature S. 101 u, /Visions S. 105 li, /Gartenfreunde S. 107 o, /GWI S. 109 li, /Martin Hughes-Jones S. 111 beide, /Gary Smith S. 113 li, /Evi Pelzer S. 113 re, /Otmar Diez S. 115 o, /Visions S. 115 uli, /FLPA Images of Natur S. 120, /Evi Pelzer S. 127 u, /Melli Freudenberg S. 129 oli, /Edition Phönix S. 129 u, /Visions 131 ore, /Martin Hughes-Jones S. 131 ure, /Buiten-Beeld S. 132 re, /Martin Hughes-Jones S. 135 u, /BIOSPHOTO, Frederic Didillon S. 144; **GAP Photos (5):** /Marcus Harpur S. 19 ore, /Zara Napier S. 29 ore, 39 re, /Carole Drake S. 41 re, /Nicola Stocken S. 46 li; **Frank Hecker Naturfotografie (42):** S. 16 re, 18 (Kreis), 26, 29 li, 34 beide, 38 li, 47 beide, 60, 63 alle vier, 64, 75 re, 76, 80 re, 82 li, 88 u, 89 re, 90, 95 alle drei, 96 beide, 98 re, 106 u, 108 li, 116 beide, 118 li, 119 ore, 119 uli, 119 ure, 121 li, 123 o, 129 ore, 130 li, 134 li, 134 mi; **mauritius images (14):** /Chromorange, Oliver Borchert S. 11 re, /Julia Thymia S. 21 oli, /Alamy Stock Photo, David Chapman S. 27 re, /nature picture library, David Kjaer S. 30 li, /Alamy Stock Photo, Kay Roxby S. 30 re, /Alamy, ROGER TIDMAN S. 72 o, /imageBROKER, Richard Becker, FLPA S. 78 li, /Alamy Stock Photo, Nick Upton S. 78 li, /BIOSPHOTO/Jean-Michel Groult S. 79 li, /nature picture library, Lynn M Stone 92, /nature picture library/Ernie Janes S. 93 u, /Pitopia, PRILL Mediendesign & Fotografie S. 100 li, /nature picture library/Alex Hyde S. 110 mi, /imageBROKER S. 114; **shutterstock (85):** /Ian Dyball S. 5 li, /Africa Studio S. 6 re, /Rosemarie Kappler S. 14 u, /Papava S. 15, /P.S.Art-Design-Studio S. 16 (Kreis), /Ihor Hvozdetskyi S. 17 re, /APugach S. 19 ure (Kreis), /JSvideos S. 21 ore, /raigvi S. 22 li, /Mark Leonard Wootton S. 23 ore, /Karel Bartik S. 23 uli, /stmilan S. 24 re, /Radu Mod S. 28 li, /Coulanges S. 31 o, /Branislav Cerven S. 32 li, /Elena Troyan S. 35 o, /cpaulfell S. 36 li, /Richard G Smith S. 36 re, /Orest lyzhechk S. 37 u (Kreis), /Rudmer Zwerver S. 40 o, /Detyukov Sergey S. 40 u, /Gabriela Beres S. 41 li, /Erni S. 42 re, /Igor Sokolov S. 45 li, effective stock photos S. 45 re, /Luigi Beri S. 48 u, /avoferten S. 48 o (Kreis), /Fabian Junge S. 49 uli, /Carls Pix S. 49 mi, /Anton MirMar S. 50 o, /Bildagentur Zoonar GmbH S. 51 ure (Kreis), /AlekseyKarpenko S. 51 oli, /Joop Zandbergen S. 54 li, /Voodison328 S. 55 li, /martincihak S. 55 re, shutterstock/Arnau Soler S. 56 li, /Szymon Bartosz S. 56 mi, /Karel Zahradka S. 56 re, /Ivan Marjanovic S. 57 oli, /Martin Pelanek S. 57 mi, /Stefan Holm S. 57 re, /Michal Pesata S. 57 uli, /Jia Images S. 57 mi, /Jesus Giraldo Gutierrez S. 57 re, /Anastasiia Malinich S. 61 li, /Wiert nieuman S. 62 oli, /Viacheslav Rubel S. 62 ure, /Vincze Szabi S. 65 re (Kreis), /Rudmer Zwerver S. 66 li, /Eileen Kumpf S. 66 mi, /Krysja S. 66 re, /Abramoff S. 67 oli, /Korovin Aleksandr S. 67 omi, /Marek R. Swadzba S. 67 ore, /Roland Oster S. 67 uli, /Rosalba Matta-Machado S. 67 umi, /Claudia Evans S. 67 ure, /Keith Hider S. 70, /IanRedding S. 71 re, /FCerez S. 74 o, /Annie Shropshire S. 74 u, /Proshkin Aleksandr S. 80 li, / Phagalley 81 re, Nataly Studio S. 88 o, /richsouthwales S. 97 u, /Keith Hider S. 102 re, /DmyTo S. 104 re, /Ksenia Lada S. 108 re, /Vladimir Staykov S. 112 re, /Bespaliy S. 117 re, /Besjunior S. 118 mi, /SanderMeertinsPhotography S. 118 re, /Janisbija S. 119 oli, /Marek Mierzejewski S. 119 omi, /Peter Fuzia 119 umi, /Nikolay Dimitrov-ecobo S. 122 re, /Joce DOM S. 123 u, /COULANGES S. 124 o, /Thorsten Spoerlein S. 124 u, /slowmotiongli S. 126 o, /Miroslav Hlavko S. 126 u, /Coatesy S. 128, /Melopepa S. 131 oli, /Svitlyk S. 132 li, /Marek R. Swadzba S. 134 re; **Friedrich Strauß Gartenbildagentur (28):** /Strauß, Friedrich S. 10 re, 17 li, /Garden World Images S. 23 oli, /Strauß, Friedrich S. 27 li, 31 u, 33 li, /Staffler, Martin S. 49 re, /Clive Nichols Photography S. 71 li, /Strauß, Friedrich S. 73, 79 re, / Steinberger, Karlheinz S. 81 li, /Strauß, Friedrich S. 91 li, 91 re, 97 o, 102 li, 103, /Garden World Images S. 104 li, /Strauß, Friedrich S. 105 re, /Staffler, Martin S. 107 u, /Strauß, Friedrich S. 109 re, /VisionsPictures S. 115 ure, /Garden World Images S. 117 li, /Strauß, Friedrich S. 117 mi, 125 beide, 127 o, 133 beide;

IMPRESSUM

Umschlaggestaltung von L'OFFICE Design & Illustration Isabelle Jozina Fischer unter Verwendung von zwei Farbfotos von mauritius images/Alamy/EyeEm (Umschlagvorderseite), mauritius images/ imageBROKER/Patrick Frischknecht (Umschlagrückseite). Umschlagklappen unter Verwendung von 11 Farbfotos: von Bärbel Oftring privat (hinten außen); vorne innen: Friedrich Strauß Gartenbildagentur/Strauß, Friedrich (Nr. 1, 7), Flora Press/Helga Noack (2), Flora Press/Jürgen Becker (3, 4, 10), Flora Press/Liz Eddison (5), Flora Press/Christine Ann Föll (6), Flora Press/gartenfoto.at (8), Adobe Stock/Christine (9), shutterstock (11);

Mit 289 Farbfotos.

Unser gesamtes Programm finden Sie unter **kosmos.de**. Über Neuigkeiten informieren Sie regelmäßig unsere Newsletter, einfach anmelden unter **kosmos.de/newsletter**

Gedruckt auf chlorfrei gebleichtem Papier

MIX
Papier aus verantwortungsvollen Quellen
FSC® C004592

ISBN 978-3-440-17263-6

Projektleitung: Birgit Grimm
Redaktion und Bildredaktion: Birgit Grimm
Gestaltungskonzept: Gramisci Editorialdesign/Cornelia Sekulin
Gestaltung und Satz: Daniela Petrini, A-Reutte
Produktion: Klaus Jost
Druck und Bindung: Westermann Druck Zwickau GmbH, Zwickau
Printed in Germany/Imprimé en Allemagne